Bettina Büx

# Die REGULUS-Botschaften

Bettina Büx

# Die REGULUS Botschaften

Band III

EchnAton Verlag

Wichtiger Hinweis

Die im Buch veröffentlichten Empfehlungen wurden vom Verfasser und vom Verlag sorgfältig erarbeitet und geprüft. Eine Garantie kann dennoch nicht übernommen werden. Ebenso ist die Haftung des Verfassers bzw. des Verlages und seiner Beauftragten für Personen-, Sach- und Vermögensschäden ausgeschlossen.

Bei möglichen unterschiedlichen Schreibweisen wurde die von der Duden-Redaktion empfohlene Schreibvariante verwendet.



2. Auflage Juli 2020

Gesamtherstellung: Diana Schulz
Coverfoto: dreamstime©Vitaliy Smolygin
Lektorat: Angelika Funk
Druck und Bindung: CPI books GmbH, Leck
ISBN: 978-3-937883-97-7

www.echnaton-verlag.de

Mit einem herzlichen Dankeschön widme ich dieses Buch meiner Schwester Andrea, die mich ein Leben lang begleitet und geprägt hat.

Ihre beharrliche und unermüdliche Infragestellung meiner Person ist mir gleichermaßen stetiger Ansporn und tiefe Bestätigung meiner Arbeit.

# Liebe ist ...

... Gott und Gott ist Liebe. Liebe ist gänzlich offenbar und dennoch gänzlich Geheimnis.

Liebe ist der Stoff, aus dem alles gemacht ist, was jemals nach ihr fragen kann, und gleichwohl das größtmögliche aller Mysterien. Sie genügt sich selbst vollkommen und ist dennoch in ewiger Ausdehnung begriffen.

Liebe ist nicht teilbar. Sie gibt sich ganz und gar hinweg und bleibt indes ganz und gar bei sich selbst.

Liebe ist wahrhaft wunderbar, denn sie ist selbst das Wunder. Sie ist die unendliche Faszination des Göttlichen von sich selbst. Sie ist der Kniefall des Schöpfers vor seinem eigenen Spiegelbild. Sie ist die ewige und einzige Antwort Gottes auf seine Frage nach sich selbst. Sie ist die Wahrnehmung von Vollkommenheit.

Liebe ist die heilige Selbstwahrnehmung Gottes.

Regulus

# Inhalt

# Vorwort

Liebe Leserin, lieber Leser, im Zuge meiner gemeinsamen Arbeit mit der geistigen Welt, von der Sie nunmehr die dritten Botschaften in Händen halten, prägte Regulus den Begriff der ›philosophischen Spiritualität in pädagogischer Sprache (p.S.p.S.)‹. Die Reihenfolge der Themen und Kapitel ist nicht zufällig gewählt, die Dinge bauen aufeinander auf und ergänzen sich. Die Wahl der Worte, der Ausdrucks- und Schreibweise wurde ebenfalls nicht willkürlich getroffen.

Wie es in Band II *Um Gottes willen und um deinetwegen* ausschließlich um die Angstthematik geht, so liegt der Schwerpunkt in diesem Werk auf unser aller Weg hin zur Erleuchtung und zum Lichte Gottes. Viel Spannendes wird es hier zu entdecken und zu erkunden geben. Regulus ist ja bekanntlich immer für eine Überraschung gut und so freuen wir uns denn gemeinsam auf die hier folgenden Einblicke, die ich in tiefer Dankbarkeit und nicht ohne Stolz entgegennehmen und weitergeben darf.

Die wunderbare Wirkung der Botschaften wird ihr Ziel nicht verfehlen, wie auch Liebe ihr Ziel niemals verfehlt, und so wünsche ich Ihnen, lieber Leser, liebe Leserin, spannende Kurzweil, tiefe Einsichten und viel Freude bei Ihrer Lektüre, für die ich Ihnen an dieser Stelle von Herzen danken will.

Ihre Bettina Büx

# 1. Teil

## Wenn der Himmel sich auftut

# »Wer spricht denn eigentlich hier?«

Meine liebe Freundin, mein lieber Freund, wir sind die Gruppe um Regulus. Mit euresgleichen sind wir verwandt und eins im Geiste. Wir ehren Eure Bemühungen, uns zu folgen und den Weg ins Licht zu gehen.

Menschen leben und bewegen die Dinge und Geschehnisse aus dem Inneren heraus. Die einzig wirkliche, geistige Dimension des Seins wird mehr und mehr erkannt und bewusst erfahren und erschaffen. Wir verweigern niemals Heilung und Hilfe, die nur aus dem Bewusstsein der reinen Liebe entstehen kann. So wird Euch sehr viel Neues bewusst werden, das Euch doch gleichermaßen sehr bekannt und vertraut erscheinen wird.

Wir bewegen die Dinge nur am Rande mit Euch, Ihr seid diejenigen, die Eurer Welt neuen Inhalt und Form verleihen. Wir wollen Euch begleiten auf Eurem Weg des Aufstiegs hin zum Lichte der Erleuchtung. Wir verweigern niemals Heilung, weil sie sich aus dem Urgrund Eures eigenen Seins von selbst ergibt sobald Ihr Euch dazu entscheidet, Euer Licht der Liebe und somit Eure göttliche Natur anzuerkennen und wirken zu lassen.

Wir ehren Euren Weg der Erkenntnis, denn in vielen Inkarnationen habt Ihr unsäglich gelitten. Nun seid Ihr bereit, einen neuen, einen freud- und liebevollen Weg zu beschreiten. Wir alle teilen Eure Freude und Euer Glück, denn was Ihr für Euch selbst erreicht, das ist für alle und jeden getan.

Viele beschreiten diesen neuen Weg der Erkenntnis alles Seienden. Wir Wegbegleiter sind Euch unvorstellbar nahe im Geiste der immerwährenden Liebe, die Euch sanft und friedvoll ins Licht trägt, denn Ihr seid wahrlich bereit für diesen Schritt, der alles verändern und doch gleichermaßen alles ›beim Alten‹ belassen wird, denn das Göttliche in Euch ist ewig vollkommen und somit unveränderlich.

Wir ehren Euren Weg mit zusätzlichen Impulsen, denn niemand, der auf dem Weg zurück zu Gott ist, muss diesen Weg alleine gehen. Ihr seid behütet und beschützt und mit neuen Informationen stehen wir Euch gerne hilfreich zur Seite. Ihr seid unendlich geliebt.

Regulus

»Von guten Mächten wunderbar geborgen,
erwarten wir getrost, was kommen mag.
Gott ist bei uns am Abend und am Morgen
und ganz gewiss an jedem neuen Tag.«
Dietrich Bonhoeffer

---

(Anm. der Verfasserin:
Regulus: lat.: ›kleiner König‹.
Regulus: hellster Stern im Sternbild des Löwen.
Regulus: zool.: das ›Goldhähnchen‹; kleinster Singvogel Europas.)

# Channeling gestern und heute

Mein lieber Freund, meine liebe Freundin, Channeling ist mehr denn je Koproduktion. Jetzt, in der Morgendämmerung Eures Erwachens, werden Arten und Vorgehensweisen der Zusammenarbeit zwischen der materiellen und der geistigen Welt möglich, wie sie noch vor gar nicht allzu langer Zeit so vollkommen undenkbar und auch kaum durchführbar gewesen wären. Die Schleier zwischen dem Verdichteten und dem Ätherischen werden zunehmend dünner und transparenter und so stehen auch der Kommunikation zwischen den Welten, die doch nur eine Welt ist, völlig neue Möglichkeiten und Gesetzmäßigkeiten offen.

Es ist uns eine große Freude und auch eine besondere Ehre, in der Weise mit Euch zusammenzuarbeiten, die in solch unmittelbarer Form bisher zu keiner anderen Zeit möglich war. Menschen, die channeln, sind – und wir reden jetzt ganz allgemein – weit mehr zur Arbeit angehalten, als dies in früheren Zeiten der Fall war.

Das Medium, wie Ihr zu sagen pflegt, ist längst nicht mehr ›nur‹ der Kanal für die Mitteilungen der geistigen Welt, sondern gleichwertiger Partner und Mitarbeiter an einem gemeinsamen Projekt und einen im Vorfeld klar definierten Auftrag. Auf unbewusster Ebene weiß jedes Medium, worauf es sich einlässt. Channeling ist Auftragsarbeit unter Einbringung von weit mehr als nur der Bereitstellung einer übertragungsfähigen Physis. Mehr denn je impliziert diese Form der Arbeit das Übernehmen von Verantwortung.

In unserem Fall ist unser ›Kanal‹ der vollwertige ›vierte Mann‹ im Bunde. *(Anm. der Verfasserin: Der ›Mann‹ sei ihm verziehen).* Sie ist das ›Bodenpersonal‹, das an der naturgemäß prekären Schnittstelle sitzt, an der das Geistige das Irdische berührt. Wie es die aktuelle Energie verlangt und ermöglicht, ist sie zu weit mehr angehalten, als uns möglichst authentisch und unverfälscht zu übermitteln.

Ihre ausdrückliche Aufgabe ist auch ein Experiment, und zwar das Ausloten neuer Möglichkeiten, das Euch allen zugute kommt. Sie hat diesen Auftrag trotz enormen Kraftaufwandes mit großem Engagement und mit Freude übernommen und dies, obwohl ihr gerade wegen der eben erwähnten neuen Verantwortlichkeit mitunter recht mulmig zumute war. Ausgeprägtes Selbstwertgefühl ist ihr nicht in die Wiege gelegt, umso größer ist die Ehre, die dieser mutigen Haltung gebührt.

Die neue Verantwortlichkeit ergibt sich aus der allgemeingültigen Tatsache, dass es nunmehr möglich und angemessen ist, dass der Mensch wesentlich größeren Einfluss auf die Kommunikation nimmt, als dies früher der Fall war. Die aktuelle Zeitqualität bietet die Chancen für einen Wechsel hinein in eine Energiequalität, die den Menschen seiner Göttlichkeit näherbringt. Diese Annäherung an die eigene göttliche Identität muss sich in besonderem Maße in jeglicher spirituellen Arbeit niederschlagen, ansonsten wären alle Worte nur leeres Gerede und abstrakte Lippenbekenntnisse. Was nicht praktisch ist, ist gar nicht.

Unsere gleichwertige Partnerin wird als eine vollwertige Arbeitskollegin in einem Team verstanden, in dem es nunmehr keine Hierarchie mehr gibt. Ihre Arbeit, wie die aller Medien, beschränkt sich unmöglich weiterhin auf ein ›Bitte-zum-Diktat‹. In diesem Verständnis ist die menschliche Persönlichkeit nicht mehr das mit Makeln behaftete, störende Element bei der Kommunikation mit geistigen Dimensionen, sondern im Gegenteil das heilige, Ehrfurcht gebietende Werkzeug, das in sehr direkter, praktischer und aktiver Weise die Brücke zwischen den Welten schafft.

Die geistige Welt ›erbarmt‹ sich des Menschen nicht, obwohl er Mensch ist, sondern gebietet ihm die Ehre, weil er es ist. Wir sind hier, Euch zu dienen, denn Ihr seid die Götter, die sich in Menschenhaut kleiden, zum Wohle und zum Segen aller.

Für unsere gemeinsame Arbeit bedeutet dies, dass unser Medium Mensch ist, um zu wissen, was es heißt, Mensch zu sein. Und weiß Gott, sie weiß es! Ihre Menschlichkeit, in vielen Leben zielgerichtet geschult, hat nicht nur das Recht, sondern vielmehr die Pflicht und Last des Mitspracherechts und der Entscheidungsgewalt. Die Macht der Dinge liegt immer auch maßgeblich in der Art und Weise, wie sie getan werden, und so ist sie auch hier, Euch in der Art, wie sie Ihre Arbeit tut, zu lehren, dass Ihr mehr seid als ein Wurm im Staube, denn was jemand für sich selbst erkennt, das ist für alle erkannt.

Ihre praktische Arbeit mit uns hat viele Facetten. Erst einmal muss sie sich selbst zurücknehmen und zuhören. Für einen Menschen wie sie, der lieber redet als zuhört, bedeutet dies einen nicht zu unterschätzenden Energieaufwand an Willenskraft, Konzentration und Selbstüberwindung. *(Anm. der Verfasserin: Scherzhaft gesagt und leider nur allzu wahr).*

Des Weiteren muss sie nonverbal übermittelte Bewusstseinsinhalte in Sprache übersetzen. Es ist eine ihrer ganz besonderen Stärken, mitunter recht komplexe Informationsbündelungen blitzschnell in ihrer Gesamtheit zu erfassen und sehr exakt in menschlich-sprachliche Begrifflichkeiten zu übertragen, ohne dass es dabei zu inhaltlichen oder emotionalen Transferverlusten oder Verzerrungen kommt.

Außerdem muss sie in der Lage sein, das simultan Durchgegebene zu ›zerpflücken‹, um es in eine lineare Anordnung zu bringen, die sinnvoll und logisch nachvollziehbar ist. Der wohl neueste Aspekt in der gemeinsamen Channelingarbeit ist jedoch der, dass ihr die nicht zu unterschätzende Aufgabe zukommt, die Übermittlungen auf ›Menschentauglichkeit‹ zu prüfen: Das ist wahrhaft menschlich-geistige Koproduktion, wie sie in diesen Zeiten üblich sein wird.

Ihr entscheidet, was Euch gegeben wird und was nicht, denn Ihr seid mehr und mehr zur Selbstverwaltung bevollmächtigt. Unsere Mittlerin kann, darf und soll die Inhalte zur Diskussion stellen, ja mitunter sogar verwerfen. Das tut sie allerdings nur sehr ungern und wenn, dann erst nachdem sie zigfach alle Möglichkeiten überprüft hat, die Dinge vielleicht doch noch machbar darzustellen. Dies gilt jedoch nicht, wenn ich für ihren Geschmack allzu pathetisch werde, denn das mag sie nicht. Sie sagt, die Menschen lieben sich selbst noch nicht genug, als dass so viel Pathos um ihre Person nicht unglaubwürdig erscheinen würde. Wir sind hier, um genau dies zu ändern.

Viel ist bereits getan und ungleich mehr bleibt noch zu tun, denn grenzenlos geehrt ist jeder Mensch für seinen Einstieg in die Materie, auch und gerade in diesen besonderen

Zeiten des Wandels und der Umwälzungen (und ich höre im Hintergrund mein Medium sagen: »Regulus, werd jetzt bloß nicht pathetisch!«)

»Die Herrlichkeit der Welt
ist immer adäquat der Herrlichkeit
des Geistes, der sie betrachtet.«
Heinrich Heine

# 2. Teil

## Die Frage der Identität

# Der Mauerfall

Meine liebe Freundin, mein lieber Freund, viel ist über die aktuelle Zeit schon gesagt worden und ungleich mehr wird in Zukunft noch gesagt werden.

Viel Verwirrung und Unsicherheit sind gestiftet, eine allgemeine Unruhe macht sich allenthalben breit, wie sie mittlerweile nicht mehr nur im spirituellen Milieu spürbar ist. Die Wellen der Emotionen schlagen hoch, denn niemand weiß so recht, woran er ist und woran er sich in diesen chaotischen Zeiten des allgemeinen Durcheinanders halten soll.

Sehr viel Widersprüchliches, Beängstigendes, Irreführendes und nicht zuletzt völlig Nutzloses und Unwichtiges wird Euch allerorten angeboten und viele sind nur allzu bereit, sich den Verführungen und Ablenkungsmanövern des Irrtums hinzugeben.

Gerade in Zeiten des Umbruchs und der unvermeidbaren vorübergehenden Orientierungslosigkeit gilt mehr denn je, die Spreu vom Weizen zu trennen und die Angebote mit Umsicht und Weisheit zu prüfen. Der Mensch ist jedoch nur allzu gerne bereit, ausgerechnet und ganz besonders demjenigen Glauben zu schenken, der ihn in Angst und Schrecken versetzen will, denn der Mensch weiß nicht, wer und was er ist.

Nichts und niemand wäre in der Lage und hätte die Macht, Euch in Besorgnis und Zerknirschung zu stürzen, wenn Ihr Euch Eurer wirklichen Identität bewusst wäret. Wahrlich Großes zu tun und zu erfahren, habt Ihr Euch entschieden und Ihr solltet diese Zeiten und darin Euch selbst feiern, anstatt sie zu fürchten und den Veränderungen zu misstrauen. Doch dazu an späterer Stelle mehr.

Wenn wir in unseren Erläuterungen – übrigens sehr zur Verwunderung und zum Unbehagen unseres Mediums – die Art und Vorgehensweise unserer Zusammenarbeit mit ihrer menschlichen Persönlichkeit beschreiben und erklären, dann deshalb, weil diese Form des Kontaktes und der Kommunikation zwischen den Dimensionen für die Qualität dieser Zeit bezeichnend ist und in direkter und praktischer Weise sehr viel über sie aussagt.

Es geht uns in unseren Aussagen um weitaus mehr als um die bloße Befriedigung einer menschlichen Neugier, so nachvollziehbar und angemessen sie auch sein mag. Es geht uns vielmehr darum, dass Ihr erkennen möget, welche Möglichkeiten und Kräfte Euch zur Verfügung gestellt sind. In der jetzigen Schwingung verfügt Ihr über Potenziale und damit über Hilfen, wie sie Euch in dieser Form und Art erstmals zu Gebote stehen. Ihr dürft Euch freuen und zuversichtlich nach vorne blicken, denn Gott selbst hat sich in allem und jedem für diesen Weg entschieden und niemand ist hier, der ihn nicht will, in welcher Weise er ihn zu erfahren auch immer entschieden haben mag.

Kein Mensch geht auf Erden, der sich nicht die Frage stellte nach dem Wer-bin-ich. Diese Frage versucht der Mensch im Allgemeinen zu klären, indem er mit Autoritäten ›spielt‹ und experimentiert. Dies tut der Mensch naturgemäß vor allem mit seiner eigenen. »Was kann ich, was darf ich, was muss ich, was will ich, was geht und was geht nicht?« Der Mensch lotet und testet Grenzen aus und im Grunde und in Wahrheit ist das ganze Menschenleben nichts anderes als eine Abfolge ständiger Grenzerforschungen. Grenzen erforschen ist Grenzen erfahren, erdulden, erleiden. Vor allem aber – und hier kommt ein neues Element hinzu, das unser besonderes Augenmerk verdient – vor allem bedeutet Menschenleben, Grenzen zu verschieben.

Nun, in gewisser Weise war das natürlich schon immer so. Der Mensch ist und wird auch durch sein unermüdliches Streben nach Erleuchtung nicht mehr, als er vorher war. Wie könnte er? Was integraler Teil ist von Alles-was-Ist kann nur so vollkommen sein wie Er selbst. Nichts kannst Du jemals sein, was Du nicht jetzt schon wärst und dennoch werden sich Dir die Dinge auf Deinem Weg zum Lichte Gottes in vielerlei Hinsicht anders darstellen, als dies bis dato der Fall war.

Es ist von fundamentaler Bedeutung und will als eine zentrale Kernaussage dieser Botschaften verstanden sein, dass Du niemals in irgendeiner Hinsicht mehr sein kannst, als Du jetzt bist. Das Göttliche ist morgen nicht ›göttlicher‹ als heute, denn dann wäre es heute nicht göttlich. Göttlichkeit ist maximal, sie ist der einzig wirkliche und letztgültige Superlativ. Die Veränderung der Dinge findet einzig und allein auf der Ebene Deiner Wahrnehmung dieser Dinge statt und nicht in ihrer Substanz als solche.

Wenn wir von den ›Dingen‹ sprechen, dann meinen wir vornehmlich Dich selbst, denn wie wir in Band I *Des Menschen Wunsch und Gottes Wille* gesehen haben, steht und fällt Deine Wahrnehmung von allem und jedem mit Deiner Selbstwahrnehmung. Daran ändert sich jetzt und ewig nichts, so wie es bei aller Wahrheit der Fall ist. Das Verschieben der Grenzen kann im Grunde und in Wahrheit immer nur die Verschiebung einer Illusion von Grenze sein, denn jede

Grenzwahrnehmung muss Illusion sein und kann schlussendlich nur als solche verstanden werden. Dennoch geht jeder Grenzverschiebung immer ein Fortschritt voraus, der in seiner Tragweite und Bedeutung gar nicht überschätzt werden kann. Die vielbeschworene sogenannte Erleuchtung ist nichts anderes als eine Grenzverschiebung: die Verschiebung Deiner individuellen Grenze der Selbstwahrnehmung unter irdisch-materiellen Bedingungen.

Wahrhaft groß und geehrt seid Ihr alle, die Ihr dies anstrebt und zu verwirklichen sucht. Diese Verschiebung der Grenzen in der eigenen Selbstwahrnehmung wird Wirkungen und Veränderungen zur Folge haben, die Ihr Euch derzeit noch kaum vorstellen könnt. Was jenseits einer Grenze liegt, ist eben erst dann vorstellbar und wahrnehmbar, wenn und nachdem die Grenze verschoben ist. Dies macht es so schwierig, sinnvolle Aussagen für Euch zu machen. Andererseits ist dieses die Vorstellung Übersteigende genau das, was Angst auslöst, denn der Mensch fürchtet naturgemäß das, was er nicht kennt. Aber was ist denn nun diese besagte Grenzverschiebung? Was kennzeichnet sie?

Eine Grenzverschiebung in Deiner Selbstwahrnehmung bedeutet nichts weniger, als dass Du mehr von Dir selbst zu erkennen in der Lage bist. Die bruchstück- und lückenhafte Wahrnehmung Deiner selbst wird um zusätzliche Aspekte erweitert und somit in diesen Teilen geheilt. Wahrhaft Wundervolles wird Dir widerfahren, denn Gott selbst gibt sich selbst einen ›Teil‹ seiner selbst zurück. Bildlich gesprochen ist es vergleichbar mit dem Unterschied zwischen einem Standard- und einem Weitwinkelobjektiv. Du bist nun in der Lage, mehr von dem zu sehen, was schon immer da war. Das Weitwinkelobjektiv erschafft die Dinge nicht erst, aber es ermöglicht ihre Wahrnehmung in größerem Rahmen, in breiterem Spektrum, sodass der Gesamteindruck ein vollkommen neuer, anderer wird. Selbst das Bekannte, bereits Gesehene wird nunmehr völlig anders wahrgenommen und neu definiert, weil es in einen anderen Gesamtzusammenhang gestellt wird. Somit verändert sich scheinbar alles.

Wahrhaft abenteuerliche Zeiten kommen auf Dich zu und Du bist hier, weil Du es kaum erwarten kannst, diesem größten aller möglichen Abenteuer, der Entdeckung Deines Selbst durch die Erweiterung Deiner Selbstwahrnehmung, in dieser Weise entgegenzustreben. Seit langer Zeit fieberst Du den Erkenntnissen, die nunmehr vor Dir liegen, mit Ungeduld entgegen.

»Der Mensch ist nicht eher glücklich,
als bis sein unbedingtes Streben sich
selbst seine Begrenzung bestimmt.«
Johann Wolfgang von Goethe

# Wie es hinter dem Horizont weitergeht

Mein lieber Freund, meine liebe Freundin, die innere Grenzverschiebung, von der die Rede ist, ist der Knotenpunkt aller denkbaren Veränderungen, die auf der Erde individuell wie kollektiv möglich sind.

Die Menschen waren immer schon fasziniert und regelrecht hypnotisiert von Prophezeiungen bevorstehender Veränderungen im Außen. So verständlich und nachvollziehbar dies auch ist, denn Ihr lebt in der Materie, um in der Materie zu leben *(Anm. der Verfasserin: Scherzhaft gesagt),* so sind sie Euch doch auch Ablenkung von den wirklich interessanten Bewegungen.

Die Materie folgt lediglich dem Geist, das Außen folgt dem Innen. Die wirkliche Bewegung, die Ursachensetzung, findet immer im Innen statt, im Geiste, und die Welt folgt seinem Befehl, wie die Materie immer und ausnahmslos gehorcht, wenn der Geist befiehlt. Es ist und bleibt allzeit unmöglich, dass äußere Mauern einstürzen, ohne dass zuvor innere eingerissen worden wären. Jede Entwicklung, jede Veränderung gehorcht und folgt gewissen Voraussetzungen und Gesetzmäßigkeiten, die gegeben sein müssen, damit diese Entwicklungen eintreten und manifest werden können.

Die erste dieser Voraussetzungen ist die, dass diese jeweilige Entwicklung für möglich gehalten wird. Was Du nicht für möglich hältst, das kann es auch nicht sein. Wie wir wissen, kann die göttliche Schöpferkraft nicht gegen sich selbst erschaffen, nicht gegen ihren eigenen Willen, und wie wir wissen, ist der freie Wille ewig unantastbar, weil Deine göttliche Identität es ist.

Das menschliche Potenzial für Veränderung steht erst ganz am Anfang seiner Möglichkeiten, denn nichts weniger als die Unendlichkeit göttlicher Grenzenlosigkeit, die auch die Deine ist, bleibt hinter dem inneren Horizont zu entdecken. Nun, eine Grenzverschiebung für möglich zu halten, bedeutet im Grunde und in Wahrheit nichts anderes, als das Infragestellen der Grenze. Was der Mensch aber infrage stellt, das ist bereits nicht mehr, denn durch die Frage ist die Gültigkeit des Konzeptes in Zweifel gezogen. Wenn eine Grenze infrage gestellt wird, ist ihr Ende bereits besiegelt.

Erleuchtung, denn darum geht es hier, ist nur deshalb möglich, weil Du es gewagt hast, die Grenzen der allgemeingültig anerkannten menschlichen Identitätsvorstellung anzuzweifeln. Die ›kritische Masse‹ derer wurde erreicht, die zu erkennen bereit sind, dass sie mehr sind als ›nur‹ Menschen. An dieser Stelle sei nicht etwa dasjenige gemeint, das wir in dieser Begrifflichkeit erkennen und wahrnehmen, sondern wohlgemerkt das Bild des Menschen vom Menschen, Dein Bild von Dir selbst. Die sogenannte Dimensionenhürde, die vormals unüberwindlich schien, ist es nur so lange, bis ihre Überwindung möglich erscheint und schließlich zur Selbstverständlichkeit wird.

Es liegt in der Natur des Menschen, all das irgendwann auch zu wollen, was er für möglich hält und somit für machbar. So sehr die Welt dieses menschliche Prinzip, das im Grunde und in Wahrheit ein göttliches ist, auch missbraucht und somit oftmals den Segen zum Fluch macht, so sehr ist es doch auch Antriebsfeder für Voranschreiten und Evolution. Der fehlende Gesamtüberblick versperrt Dir nur allzu oft die Sicht auf den langfristigen Nutzen und den übergeordneten Sinn Deines Soseins.

Das Infragestellen des Offensichtlichen, das Sich-nicht-Begnügen mit dem Vorhandenen ist also die erste Voraussetzung für eine innere Grenzverschiebung und diese Bedingung ist erfüllt. So sehr Du auch hin- und hergerissen bist, so sehr Du auch verunsichert bist und über Dich selbst im Unklaren, so sehr Du Dich auch nicht mit den bisherigen Antworten begnügen kannst und so sehr Du nicht weißt, wer und was Du bist, so sehr weißt Du doch, dass Du mehr bist, als Du weißt. Du hast erkannt: Ich bin mehr! Das genügt, denn Du hast gerufen und wo Gottes Kind ruft, da antwortet Er[1] unfehlbar.

»Jeder sieht die Grenzen seines
Gesichtsfeldes als die Grenzen der Welt an.«
Arthur Schopenhauer

---

[1]Entgegen der Rechtschreibreform wird auf die Großschreibung der direkten Anrede zurückgegriffen. Dies ist ebenso der Fall bei allen Anreden, die sich unmittelbar auf Gott beziehen.

# Quo vadis?
## Oder:
# Die Reise ins Ungewisse

Meine liebe Freundin, mein lieber Freund, nachdem Du also nunmehr die Verschiebung der Grenzen, die Verschiebung Deiner Grenzen, für möglich hältst, bist Du nicht mehr derselbe Mensch, der Du zuvor gewesen bist.

Die Veränderung Deiner Selbstwahrnehmung ist nichts weniger als die Veränderung Deines Identitätsgefühls und somit eine Transformation auf denkbar tiefster Ebene. Jegliche Erweiterung der Selbstwahrnehmung kommt einem geistigen Quantensprung gleich und ist immer und ausnahmslos von einem tiefen, unvergleichlichen Glücksgefühl begleitet. Es ist im wahrsten Sinne des Wortes das Gefühl neugeboren zu sein, das diese Glückseligkeit hervorbringt. Mit jedem Selbsterweiterungsprozess kommst Du Deiner göttlichen Heimat einen Schritt näher.

Je mehr Du von Dir selbst wahrzunehmen in der Lage bist, umso näher bist Du Deiner Wirklichkeit. Nachdem Du Deine in der Dir bekannten Weise begrenzte Selbstsicht infrage gestellt hast, also eine Grenzverschiebung als reale Möglichkeit in Erwägung gezogen wurde, wird die Bewegung in Deinem Innersten deutlich sichtbar: Du veränderst Dich! Genau gesagt veränderst Du Dich scheinbar, denn im Grunde und in Wahrheit verschleierst Du nunmehr nicht länger vor Dir selbst, was Du schon immer warst. An dieser

Stelle sei lediglich klargestellt, dass wir es für den weiteren Verlauf unserer Ausführungen bei der Redewendung der Veränderung belassen, denn dies ist die Ebene Deiner Wahrnehmung der Dinge. Wir werden die Sachverhalte in der Weise erörtern, in der sie sich Dir darstellen.

Im Grunde und in Wahrheit hat die Erleuchtung, die von Dir so fieberhaft angestrebt wird, in gewisser Weise bereits stattgefunden. Sie war in demselben Augenblick verbrieft und besiegelt, in dem Du es wagtest, an Deinen inneren Käfigstäben zu rütteln. Das große ›Ich-Bin‹ ist freigesetzt worden und in der Lage, auf die Suche nach einer neuen, erweiterten Definition seiner selbst zu gehen: Das ist Evolution, großartig, fantastisch, göttlich! Und ewig.

Wenn der Mensch sich aufmacht, sich selbst neu zu entdecken und zu erschaffen, feiert ihn das ganze Universum mit stehenden Ovationen, denn wahrlich der Weg war weit und beschwerlich. Doch der Tisch, der dem Menschen bereitet ist, ist reichlich gedeckt und die Früchte, die der Ernte harren, sind derer viele. Der Aufstieg in eine neue, andersartige Selbstwahrnehmung ist deshalb für Dich so beeindruckend, weil er Dir eine neue, fremdartige innere Welt eröffnet. Nun, im Grunde ist es noch nicht einmal so, denn was integraler Teil ist von Alles-was-Ist, kann nichts ausschließen. Auf der bewussten Erfahrungsebene bist Du jedoch mit einer vollkommen neuen Situation konfrontiert und das ist für den Menschen erst einmal beängstigend.

Aus Deiner irdischen Sicht der Dinge trittst Du eine Reise ins Ungewisse an. Die Ungewissheit, genauer gesagt die scheinbare Ungewissheit, ist jedoch das wirklich Wertvolle an Deiner Entscheidung für den Aufstieg. Es ist eine Frage des Vertrauens und legt Zeugnis ab für ein nicht unerhebliches Maß an unverbrüchlicher ›Identitätssicherung‹, wenn der Mensch den Aufstieg wagt. Nun, diese Identitätssicherung bedarf der näheren Erläuterung: Es ist so, dass Erleuchtung kaum möglich wäre, wenn der Mensch nicht bereit wäre, sich in gewisser Weise ›fallenzulassen‹. Der Aufstieg ist ein vertrauensvolles Sich-fallen-Lassen in eine gegenwärtig noch ungewisse Identitätswahrnehmung.

Der Aufstieg in eine höhere Schwingung ist ein Sich-fallen-lassen in Gott. Um dieser Ungewissheit entgegenzutreten, braucht es dieses gewisse Maß an innerer Identitätssicherung, ohne die der Mensch sich in sich selbst verirren und verlieren würde. Diese gegebene Stabilität ist der sichere Unterboden, auf dem es dem Menschen möglich und erlaubt ist, in aller Sicherheit auf die Suche nach einer Erweiterung seiner Selbstsicht zu gehen und bislang sicherheitsspendende Mauern einzureißen, ohne sich selbst zu verlassen. Wenn der Mensch sich auf eine gewisse Ungewissheit einzulassen in der Lage ist, dann ist er sich gewiss seiner selbst gewiss *(Anm. der Verfasserin: Scherzhaft gesagt)*.

Die Veränderungen, die in Wirklichkeit nur Anpassungen sind, sind nur für denjenigen beängstigend, der sich der ewigen Unantastbarkeit seiner selbst, seiner wahren Identität, nicht gewiss ist. Nichts wird geschehen, nichts kann jemals sein, das Ursache zur Angst bieten könnte, denn wie wir aus dem wunderbaren *Kurs in Wundern* und auch aus Band I *Des Menschen Wunsch und Gottes Wille* wissen: »Nichts Wirkliches kann bedroht werden.« *(T.Einl.2:2)* Und Du bist wirklich! Die Entwurzelung der Illusionen kann niemals die Wirklichkeit bedrohen und will es auch gar nicht. Die Entwurzelung von Illusion ist die Bestätigung von Wirklichkeit. Nichts anderes geschieht bei der Erleuchtung. Es ist kein gewaltsamer Vorgang, kein Vorgang von Willkür oder Druck.

Der mit Deinem Aufstieg einhergehende Schwingungswechsel ist ein machtvoller Vorgang der Gnade. Gott gewährt sich selbst die Gnade der Wiedererkenntnis seiner selbst in einem weiteren gültigen Aspekt seines unendlichen Seins, einem Aspekt, der vorher in dieser Weise nicht zur Kenntnis genommen wurde. Wenn der Mensch sich vor Veränderung fürchtet, dann fürchtet er sich vor sich selbst. Nichts Unbekanntes kann es geben, das außerhalb von Dir selbst wäre. Was könntest Du im Außen erleben und wahrnehmen, das nicht innen wäre? Die Wurzel Deines Seins ist und bleibt ewig unveränderlich und unantastbar dieselbe. Was also kann Veränderung Dir antun?

Keine wie auch immer geartete Veränderung kann jemals die Uressenz Deines Seins anrühren. Die Reise in die ›höhere‹ Dimension ist nichts als eine weitere Etappe auf Deiner Reise zurück nach Hause. Je mehr Ungewissheit Du ertragen kannst, desto gewisser bist Du auf dem sicheren, richtigen Weg. Dein untrüglicher Wegweiser liegt in der Tatsache, dass Du keinen brauchst, denn Gott in Dir kennt allezeit alle Richtung. Was alles ist, kann sich nicht verirren.

Alles-was-Ist geht, wohin Er will, Er kommt doch immer nur bei sich selbst an. Was alles impliziert, kann sich selbst nie verlassen. Was kann es zu fürchten geben für den, der das weiß? Je mehr Du Gott in Dir siehst, desto mehr wird Ungewissheit für Dich zu einem sinnlosen Konzept, zu einem absurden Gedankenkonstrukt des Ego, das im Lichte Deiner Wirklichkeit keinerlei Substanz hat und haben kann. Ungewissheit ist ein Konzept des ›Außerhalb‹. Das aber kann es in Alles-was-Ist niemals geben. In welche Dimension Du Dich auch immer begeben magst, in welcher Schwingung Du Dich wiederfindest, wo auch immer Du hingehen und ankommen magst: Er ist schon da, in dem Augenblick, in dem Du es bist.

»Denn Er hat Seinen Engeln befohlen über dir,
dass sie dich behüten auf allen deinen Wegen.«
Die Bibel, Psalm 91:11

# 3. Teil

## Die Frage der Autorität

# Die Machtübernahme

Mein lieber Freund, meine liebe Freundin, der Mensch ist nie so unmittelbar mit seiner Göttlichkeit konfrontiert wie im Angesicht seines Todes. Der Tod, der an dieser Stelle als die Geburt in einen neuen Seinszustand verstanden sein will, ist ein ganz wichtiges Schlüsselkonzept, wenn wir über den Wechsel in ein neues Selbstbildnis reden.

Nun, wohl kaum ein Begriff ist in Eurer Welt so sehr mit Angst behaftet wie der Todesgedanke und wenn wir so provokativ in dieses emotionale Wespennest stechen, dann tun wir das weder sinn- noch planlos, denn wie wir wissen, geht es uns hier um Grenzverschiebung. Tod und Geburt sind ein und dasselbe. Hier sei jedoch nicht die Rede von Deinem biologischen Tod, obwohl das bisher Gesagte durchaus ebenso auf den Übergang von der physischen in die geistige Dimension anwendbar ist. Der Tod, von dem hier die Rede ist, ist der einzig mögliche reale Tod, wenn es denn überhaupt ein Konzept gibt, das mit dieser Gedankenschwingung belegt werden kann. Der Tod ist der Verlust oder genauer gesagt die freiwillige Aufgabe der alten Identität.

Es geht in sehr direkter und praktischer Weise um Dein Ichgefühl. Deine Erleuchtung wird geprägt sein von der größeren, weiteren Sicht Deiner selbst auf Dein Selbst. Der Mensch sieht nicht allein mit mehr Wohlwollen, Würdigung und Ehrerbietung auf sich selbst, sondern auch mit einem weitaus ausgeprägteren Bewusstsein seines eigenen Machtpotenzials und damit seiner ihm immer schon innewohnenden Schöpferkraft. Die Frage der Autorität in Deinem Leben wird sozusagen völlig neu aufgerollt.

Es ist vollkommen unmöglich, die Frage der Autorität zu stellen, ohne zu einem anderen, neuen Ergebnis zu kommen, denn dann würde sie sich gar nicht erst gestellt haben. Was der Mensch infrage stellt, das ist nicht mehr. Die Neudefinierung der Autoritätsfrage war in dem Augenblick besiegelt, als Du Dir darüber klar wurdest, dass Du mehr sein musst als das, was Du von Dir wahrnimmst. Dieses ›Mehr‹, das Du forderst, diese Lücke in Deiner Selbstwahrnehmung ist Gottes größte Freude und so lässt Er die Frage nach dem, was in dieses Wahrnehmungsvakuum gehört, niemals unbeantwortet. Sowie die Selbstsicht als lückenhaft wahrgenommen wird, muss es zwingend zu einer Transformation kommen.

Wie wir anhand des Bildes vom Weitwinkelobjektiv gesehen haben, verändert das Hinzufügen neuer Elemente das Gesamtbild. Die Veränderung, wenngleich partiell, ist dennoch eine umfassende und findet also ebenso statt in den Elementen und Teilaspekten, die, objektiv betrachtet, keinerlei Veränderung unterworfen waren. Dies ist und kann nur so sein, weil nichts voneinander getrennt existiert. Alles ist eins und somit ist es allzeit unmöglich, dass das eine sich verändert und das andere dadurch unbeeinflusst bliebe. Das Infragestellen Deiner Identität ist ein machtvoller Akt der Autorität, denn es beweist Deine Fähigkeit zur Selbstdefinition. Die logische Folge dieser Autoritätsübernahme ist ihre Inanspruchnahme.

# Die Etablierung der Herrschaft

Meine liebe Freundin, mein lieber Freund, die Aufforderung, den ›Hirten dem Hunde vorzuziehen‹, kennen wir bereits aus Band I *Des Menschen Wunsch und Gottes Wille*. Nun wirst Du vielleicht fragen, warum wir an dieser Stelle erneut auf diese Aufforderung zurückgreifen, denn sicherlich hast Du erkannt und begriffen, was es mit der Frage der Autorität auf sich hat.

Es geht uns nunmehr darum, die Autoritätsfrage auszuweiten. Es geht hier und jetzt, anders als in *Des Menschen Wunsch und Gottes Wille,* um nichts Geringeres, als um die Ausweitung der Autoritätsfrage auf Deine Gesamtpersönlichkeit. Dieses nun erkannte Autoritätskonzept hebt die bis dato gemachten Aussagen nicht etwa auf, sondern erweitert und ergänzt sie.

Die Frage der Autorität ist schlussendlich die Frage der Identität. Sowohl aus Verständnis- als auch aus Erkenntnisgründen ist in unseren vorhergehenden Botschaften immer auf die Unterscheidung von Höherem Selbst und Ego hingewiesen worden. Es war angemessen, wichtig und korrekt, die menschlichen Aspekte von den göttlichen zu unterscheiden, abzugrenzen und entsprechend selektiv zu definieren. So kennst Du es, so bist Du es gewohnt und damit hast Du Dich ›arrangiert‹. Der Mensch kommt mit erstaunlich viel Absurdität zurecht, wenn er es denn muss *(Anm. der*

*Verfasserin: Scherzhaft gesagt).* Eines der wohl augenfälligsten Merkmale auf Deinem Weg zur Erleuchtung wird das sein, was wir eine Grenzverwischung, eine Grenzaufweichung nennen wollen. Dieses Aufweichen von Grenzen ist eine Art energetische Porosität, die einen höheren Durchlässigkeitsgrad erlaubt und ermöglicht.

Die Energien sind sozusagen selbstverständlicher imstande, gleich gültig in einem ›friedlichen Nebeneinander‹ zu existieren, das natürlich in Wirklichkeit kein Nebeneinander, sondern nur ein Ineinander sein kann. Das Entweder-oder erkennt sich selbst nunmehr viel ungetrübter als das Sowohl-als-auch, das es ist und schon immer war.

Alles-was-Ist schließt nichts aus und so kann Er auch das Menschliche nicht ausschließen. Wäre das Ego nicht integraler, gültiger Teil des allumfassenden Göttlichen, könnte es unmöglich existent sein. Auch in diesen dritten Botschaften werden wir nicht müde zu betonen, dass Alles-was-Ist eben alles ist, was ist. Punktum.

Diese Porosität, die als eine gewisse Weichheit, als eine natürliche Milde empfunden wird, charakterisiert die zukünftige menschliche Wahrnehmung seiner selbst und damit der ganzen Welt sehr viel realitätsnaher als die übliche Begrifflichkeit der Erleuchtung, unter der sich niemand so recht etwas Konkretes vorstellen kann.

Ganz profan und unspektakulär, aber deshalb nicht minder treffend könnte man sagen, dass es Dir leichter fallen wird, Dich selbst zu lieben. So einfach ist das. Es wird Dir leichter fallen, Dich selbst zu lieben. Wer jetzt vorschnell sagt: »Wie, ist das schon alles?«, der erkennt die schier ungeheuerliche und jetzt tatsächlich noch kaum vorstellbare Tragweite dieses Veränderungsprozesses nicht. Die Mehrung der Selbstliebe, die im Grunde und in Wahrheit einer tieferen, weiterführenden Integration der eigenen Göttlichkeit gleichkommt, bedeutet nichts weniger als einen Quantensprung in der spirituellen Entwicklung jedes Einzelnen, deren Folgen all Deine Erwartungen übersteigen. Was, wenn nicht die Steigerung der Liebeswahrnehmung des Alles-was-Ist könnte einen Fortschritt, eine Veränderung solchen Ausmaßes hervorrufen?

Nichts wird verändert werden, es wird nur mehr gesehen, von Dir selbst, in Dir selbst! Wo das Innen sich selbst in die Liebe hinein erlöst, da muss das Außen folgen. Wenn Alles-was-Ist sich selbst einen Teil seiner selbst zurückgibt, feiert Er sich in seiner ganzen Schöpfung und die Freudengesänge werden wahrlich im ganzen Universum zu hören sein!

Erleuchtung kann nur ein anderes Wort sein für Liebeserhöhung. Wenn wir sagen, dass es Dir leichter fallen wird, Dich selbst zu lieben, dann hat dies nichts mit Druck oder etwa einer raffinierteren Selbstüberredungskunst zu tun *(Anm. der Verfasserin: Scherzhaft gesagt)*. Vielmehr bist Du Dir auf einer sehr profunden, im wahrsten Sinne des Wortes, selbstverständlichen Ebene der Erhabenheit Deines Seins und damit Deines wahren Wertes bewusst.

Wusstest Du, dass es Welten gibt, in denen sich jedes Wesen ganz selbstverständlich ›der/die Große‹ oder ›der/die Erhabene‹ nennt? Verstehe, dass diese Welten die liebevollsten und friedlichsten des Universums sind. Du experimentierst und spielst sozusagen mit Deinem Selbstverständnis, mit dem Gefühl des Selbstwertes und seinen Auswirkungen in einer Welt wie der Deinen. Zu Beginn dieses Kapitels sprachen wir von der selektiven Wahrnehmung und Definition des Göttlichen einerseits und des

Menschlichen andererseits. Diese Unterscheidung ist sehr treffend und angemessen, genauer gesagt, sie war es. Auf dem Weg zur Erleuchtung wäre sie völlig fehl am Platze und würde sich deshalb schnell als Absurdum erweisen, weil sie unfehlbar in eine intellektuelle wie auch in eine emotionale Sackgasse mündet und münden muss.

Jedes bewusste Wesen muss und kann sich selbst schlussendlich nur als eine einzige Energieeinheit begreifen und erfassen. Es ist unmöglich, einen Aspekt seiner selbst gleichzeitig als einen Teil seiner selbst wahrzunehmen und ihn dennoch von sich abzuspalten. Mit anderen Worten: Du kannst unmöglich gleichzeitig etwas sein und es nicht sein wollen. Das, was Du nicht sein willst, spaltest Du automatisch dadurch von Dir ab, dass Du es nicht sein willst. Dies bringt Dich wie gesagt in die absurde, ja unmögliche Situation, gleichzeitig zu sein und nicht zu sein.

Doch der Weg zur Erleuchtung enttarnt solch abstruse Gedankenkonzepte. Wenn sie in Deinem alten Selbstbild noch irgendwie logisch erscheinen konnten, so zeigen sie sich nun als völlig abwegig und bar jeglicher wirklichen Substanz. Du bist wertvoll oder Du bist es nicht, Du kannst es nicht gleichzeitig sein und nicht sein. Die Abspaltung gewisser Teilaspekte Deines Wesens, der Aspekte, die Du als Ego identifizierst, kann Dir niemals zum Segen gereichen. Es ist vollkommen unmöglich sich selbst zu verstümmeln, ohne Verletzungen davonzutragen. Du kannst Dich nicht durch Selbstverstümmelung heilen, Du kannst Dich nur durch Selbstliebe heilen. Das Konzept des Selbst ist also nunmehr ein völlig neues, ein anderes, umfassendes. Es ist ein geheiltes, denn es ist ganzheitlich im wahrsten Sinne des Wortes. Eure vielbeschworene ganzheitliche Medizin wird endlich dort Anwendung finden, wo sie in erster Linie hingehört: in der Wahrnehmung des Selbst, in der Liebe zum Selbst. Sich selbst lieben, ist sich ganz lieben – das ist wahre Medizin, wie sie revolutionärer und wirkungsvoller nicht sein kann!

Wo Liebe nicht umfassend ist, da ist sie gar nicht. Du kannst nicht sagen, dass Du Deinen Kopf liebst, aber Deine Füße verachtest, denn dann verachtest Du letztlich Dich selbst. In dem Augenblick, in dem Du Deine Füße mit Ablehnung von Dir ›abspaltest‹, hört auch Dein Kopf auf zu sein, das eine bedingt das andere. Siehst Du, dies ist völlig offensichtlich, da Kopf und Füße als Einheit erkannt, empfunden, wahrgenommen werden: Sie sind ein und dasselbe und werden so gesehen.

Und so versteht sich der Hirte in Deinem Leben nunmehr als das Du in der Gesamtheit Deines Wesens und Deiner Persönlichkeit. Die ›Hundezeiten‹, in denen nur gewisse, unter emotionalen Schmerzen abgespaltene Anteile Deiner selbst als angemessen, gottgewollt und würdig anerkannt wurden, neigen sich nunmehr ihrem Ende zu. Du bist bereit für den großen Schritt und stehst an der Schwelle zur umfassenden, liebevollen Akzeptanz und Integration Deines Gesamtwesens.

Diese völlige Veränderung Deines Blickes auf Dein Selbst – wir erinnern uns an das Weitwinkelobjektiv – ist im Grunde und in Wahrheit ein Anpassungsprozess, eine Annäherung an die Wirklichkeit Deiner göttlichen Natur. Diese Transformation wird fantastische, ungeahnte, wundervolle Folgen haben. In vollem Umfang wirst Du Deine Autorität anerkennen und Deine Herrschaft über Dich selbst, die alle Herrschaft ist, die Du jemals haben kannst, in

Deinem Leben etablieren. Und nunmehr ist nichts Dir unmöglich, denn wo das ›Ich-Bin‹ sich erkennt und anerkennt, da verschieben sich wahrlich alle Grenzen.

»Wär' nicht das Auge sonnenhaft,
die Sonne könnt' es nie erblicken;
läg' nicht in uns des Gottes eig'ne Kraft,
wie könnt' uns Göttliches entzücken?«
Johann Wolfgang von Goethe

# Die Inanspruchnahme der Autorität

Mein lieber Freund, meine liebe Freundin, die sogenannte Suche nach Erleuchtung ist eine Herausforderung für den Menschen und ist es doch auch wieder nicht. Wie so oft liegt die Herausforderung weitaus mehr in der Tatsache begründet, diese anzunehmen und aufzugreifen, als in der Sache als solche. Mit anderen Worten: Die Herausforderung ist in dem Augenblick bereits bewältigt, in dem sie angenommen wurde. Dem Menschen ist nur selten klar, dass das Schwierige an der Herausforderung in ihrer Akzeptanz liegt. Die Akzeptanz ist die Bewältigung.

Im Grunde und in Wahrheit muss der Mensch niemals einen Weg gehen, der ihm nicht schon geebnet wäre. Die Tatsache, dass er das nicht erkennt, macht die Sache gleichermaßen schwierig wie ehrenhaft. In dem Maße, in dem der Mensch dies wahrzunehmen in der Lage ist, werden die Dinge naturgemäß für ihn einfacher. Mit anderen Worten: Die Vertrauensfrage kommt ins Spiel. Dazu jedoch später mehr. An dieser Stelle will es uns lediglich darum gehen, Deinen Sinn zu schärfen für die Tatsache, dass »nichts Wirkliches bedroht werden kann«. Diese Kernaussage des wundervollen *Kurs in Wundern (T-Einl.2:2)* wird Dich wie auf Adlerschwingen tragen, leicht, beflügelt, unbeschwert, im wahrsten Sinne des Wortes beschwingt. Je weniger die göttliche Natur des Menschen verschleiert ist, desto weniger ist es auch seine ewig gesicherte Unantastbarkeit. Auf diesem denkbar sichersten aller Fundamente wird der Mensch seine neue Herrschaft antreten.

Im Rahmen des erweiterten Bewusstseins um sich selbst, um seinen Eigenwert, der dem Wissen um seine göttliche Identität entspringt, kann er nunmehr frei und unbekümmert sein ›neues Ich‹ ausprobieren, ausleben, ausdrücken: Das ist erleuchtetes Menschsein, das ist Grenzverschiebung! Sie bewirkt eine drastische Ausweitung der Möglichkeiten für all Dein Wirken in dieser Welt und über sie hinaus.

Wie wir anhand unserer Art und Weise der Zusammenarbeit mit unserem Medium als praktisches Beispiel beschrieben haben, werden auch die Grenzen zwischen der materiellen und der geistigen Welt für Dich sehr viel fließender, durchlässiger und weicher. Allein schon dieser Aspekt bewirkt Großes für den inkarnierten Geist, der Du bist. Da Du dadurch Deiner Wirklichkeit näher bleibst, ist die Inkarnation eine viel sanftere und harmonischere, als vormals möglich war. Doch wie äußert sich nun ganz praktisch und konkret diese Veränderung des Innen im Außen? Wie wirst Du Dich fühlen? Was wird anders sein? Einfach alles!

Wir haben gesehen, dass Erleuchtung nichts anderes ist und sein kann als eine Erhöhung der Liebesfrequenz. Der Mensch ist sich der transformierenden Macht und Kraft der Liebe nicht einmal annähernd bewusst. Wo Liebe Einzug hält, kann nichts unbeeinflusst bleiben, keinen Aspekt kann es geben, der ihr widerstehen könnte und ausgeschlossen bliebe. Es geht um die Anerkennung der Autorität, Deiner Autorität, und ihre Inanspruchnahme. Nur was nicht zur Gänze integriert ist, benötigt und verlangt Bemühung.

Sowie eine vollständige Integration stattgefunden hat, wird das Konzept der Mühe hinfällig. Was als Teil des Selbst erkannt und als gültiger Aspekt integriert wurde, kann nicht länger mühevoll sein. Sein ist nicht mühevoll, Sein ist. Punktum.

Die Beanspruchung der Autorität kann nur für den mühevoll sein, der sie nicht oder nur sehr wenig als naturgegebenen Bestandteil und Aspekt seines Seins erkannt hat. Je mehr Selbstliebe, anders gesagt, je größer das Bewusstsein der göttlichen Identität, desto müheloser, natürlicher, selbstverständlicher die Autorität und die Freude an ihr. Die anderen Aspekte, das Hoffen und das Wünschen, werden in weitaus größerem Rahmen durch das Wissen abgelöst. Wo das Wissen an die Stelle von Hoffen und Wünschen tritt, da wird Ablösung zur Erlösung.

Im Grunde und in Wahrheit ist Autorität nur ein anderer Begriff für Macht, für die Macht der Bewirkung. Diese Bewirkung ist Beweis und somit Garant für Existenz. Nichts weniger als das, denn nur was existent ist, kann Ursachen setzen und somit Wirkung hervorrufen. Autorität beweist Sein, denn sie setzt es in Bewegung. Alles-was-Ist ist permanente, unaufhörliche, ewige Bewegung. Ewiges Sein ist ewige Bewegung. Es sind verschiedene Begrifflichkeiten für ein und dasselbe Prinzip. Beides sind sie das, dem eine seiende Ursache vorausgehen muss. Da Sein den natürlichen Ausdruck seiner selbst impliziert, ist Autorität ein absolut unwiderstehlicher Aspekt für das Bewusstsein. Sie ist der Motor, der von der Ursache zur Wirkung führt.

Der Übergang, der Aufstieg vom Hoffen und Wünschen hin zum Wissen ist deshalb so erlösend, weil das zweifelsfreie Wissen um die Wirkung das zweifelsfreie Wissen um die Ursache impliziert. Je mehr Du Dich liebst, desto zweifelsfreier weißt Du, dass Du bist. Hoffnung und Wunsch implizieren das Bangen, dass es nicht so sei. Wo Wissen ist, Gewissheit, da ist kein Raum für Furcht und Zweifel. Mit anderen Worten: Wo Wissen um die Wirkung ist, da stellt die Ursache sich selbst nicht infrage.

Da nur Liebe wirklich ist, kann auch nur Liebe dies bewirken. Wo Liebe zum Selbst ist, da ist es sich seiner selbst absolut sicher. In dem Maße, in dem Du der Liebe vertraust, erkennst Du die Autorität an, die Du bist. In dem Maße, in dem Du sie anerkennst, kannst und wirst Du sie in Anspruch nehmen. Und somit wären wir also nunmehr bei der vorhin angedeuteten Vertrauensfrage angekommen.

»Dem Adler wachsen
die Schwingen im Flug.«
Deutsches Sprichwort

# Das Stellen der Vertrauensfrage

Meine liebe Freundin, mein lieber Freund, auf welchen Wegen kannst Du gehen, wenn Du Gott nicht begegnen willst? Wie und wo gehst Du ihm aus dem Weg?

Nun, die Frage ist ganz einfach zu beantworten, sie beantwortet sich von selbst: Auf allen Wegen, auf denen Du Dir selbst aus dem Wege gehst. Dies ist immer da und dort der Fall, wo Du Dir selbst nicht vertraust. Die verschärfte Wahrnehmung Deiner wirklichen Identität und die Sensibilisierung für die Erhabenheit Deines Seins werden die Beantwortung und Entscheidung der Vertrauensfrage für Dich einfacher und müheloser machen. Vor allem aber, und das ist der wirklich entscheidende Punkt, wird diese Entscheidung eine bewusstere sein.

Die Entscheidung der Vertrauensfrage ist nunmehr ›ganz einfach‹ eine Frage der bewussten, willentlichen Entscheidung. Sie ist eine klare, eindeutige, bewusste Absichtserklärung. Es handelt sich sozusagen um einen Vertrag, den Du mit Dir selbst abschließt. Was vormals nur selten über das Stadium eines tiefen, unbewussten Impulses hinaus konnte, liegt nun ganz offen und sichtbar vor Dir. Diese Überschreitung der Wahrnehmungsschwelle eröffnet völlig neue Möglichkeiten der Nutzung, denn es ist vollkommen logisch, dass Du in ganz anderer Weise über das verfügen kannst, über dessen Besitz Du Dir im Klaren bist. Du kannst gezielt einsetzen und Dir mit Absicht dienstbar machen, was vormals nur bedingt verfügbar war, weil nur bedingt bewusst. Die bewusste Erklärung der Absicht, sich selbst zu vertrauen, ist die unausweichliche, logische Konsequenz der vorhergehenden Einweisung.

Wie wir gesehen haben, kann sich ein Bewusstsein seiner selbst nur in dem Maße sicher sein, in dem es sich selbst liebt. Nur was sich seines Seins absolut sicher ist, kann sich selbst vertrauen. Zweifel am Sein bewirken immer und ausnahmslos Misstrauen gegenüber dem Seinsausdruck. Andererseits ist es ebenso unmöglich, sich seines Seins absolut sicher zu sein und sich dennoch das Vertrauen zu verweigern. Dies ist so, weil es kein anderes Vertrauen geben kann als das Vertrauen in das eigene Sein. Mehr kann es nicht geben und kann nicht sein.

Wer sich selbst nachfolgt, der ist nie allein. Das Vertrauen in das ›Ich-Bin‹ macht alles, was danach kommt, mühelos und von einer jetzt noch unvorstellbaren Leichtigkeit. Das für die Erleuchtung charakteristische Wissen um das göttliche Potenzial des eigenen Wesens lässt das Vertrauen in Dich selbst nicht länger als einen mutigen Hochseilakt ohne Sicherheitsnetz erscheinen. Dieses Wissen hat eine völlig andere emotionale Qualität und Resonanz als Hoffnung oder Wunsch. Wo Wissen ist, da hat alle Furcht ein Ende. Hier braucht es keinen Mut, der nur dort vonnöten ist, wo der Zweifel herrscht.

Freue Dich und feiere Dich selbst, denn wahrlich, es ist an der Zeit. So lange hast Du die Nacht gewählt, um Dich nunmehr an der aufgehenden Sonne zu erfreuen. Ihr Licht strahlt heller, als Du Dir vorstellen kannst, denn es ist Dein Licht, das dort erstrahlt. Du selbst bist die aufgehende

Sonne am Firmament, die ihr Antlitz so lange Zeit vor sich selbst verhüllt hielt, um zu erforschen, ob sie inmitten der Dunkelheit erkennt, wer sie ist. Nun ist die Zeit der Morgendämmerung. Und siehe, die Zeit der Morgendämmerung ist die Zeit der Götterdämmerung.

»Wer sich selbst nicht vertraut,
der vertraut Gott nicht,
denn Gott hat ihm das gegeben,
worin er vertrauen soll,
aus demselbigen zu lernen.«
Paracelsus

# 4. Teil

## Die Frage der Verantwortung

# Die Potenzierung der Schöpferkraft

Mein lieber Freund, meine liebe Freundin, Menschen suchen sich alle möglichen Spielwiesen für ihren Schöpferdrang. Der größte und offensichtlichste aller Handlungsrahmen, ja der einzig wirkliche, ist das eigene Selbst.

Es mag aus irdischer Sicht so scheinen, als sei die Welt der Materie mit all ihren Erscheinungen die große Spielwiese, auf der sich das Leben austobt, doch sie ist weitaus mehr die Spiegelfläche dieser schöpferischen Handlungen als ihr reales Zentrum. Nun, das ist der Sinn und Zweck der Welt, denn alles ist Dir gegeben, um Dir zu dienen. Dies wird niemals anders sein.

Auch ein Erleuchteter bedient sich ihrer, indem er die Welt anschaut, sie gestaltet, beobachtet und erforscht, um von ihr ausgehend auf sich selbst zu schließen. Diese Schlüsse, die Du ziehst, wenn Du Deine Welt unter die Lupe nimmst, deuten direkt und unmissverständlich auf Deine Selbstwahrnehmung hin. Mit anderen Worten: So wie der Mensch über seine Welt denkt, so denkt er über sich selbst – und umgekehrt. Niemals kann ein Subjekt, das beobachtet, das Objekt, welches von ihm beobachtet wird, von sich selbst getrennt, losgelöst und unbeeinflusst betrachten. Dies ist nicht nur eine naturwissenschaftliche Binsenwahrheit, sondern vor allem auch eine spirituelle. Diese Trennung, die Du glaubst wahrnehmen zu können, ist eine Sinnestäuschung.

Der Schöpferdrang des Menschen sucht sich im und durch den Aufstieg, denn nichts anderes ist Erleuchtung, eine neue Spielwiese und auch wieder nicht, denn wie wir sagten, ist und bleibt das eigene Selbst das Zentrum jedes schöpferischen Spiels. Dennoch wird es sich Dir wie ein Spielfeldwechsel darstellen. Wo das Innen sich wandelt, da wandelt sich alles. Die Spielwiese, der verfügbare Aktionsradius für Dein kreatives Potenzial, wird sich vergrößern. Diese Veränderung wird Dir wie eine Potenzierung der Schöpferkraft selbst anmuten.

Nun, Schöpferkraft ist immer maximal. Sie ist oder aber sie ist nicht. Dort, wo sie ist, kann sie nur maximal sein. Dort wo sie nicht ist, kann sie nur gar nicht sein. Die Vergrößerung des Aktionsradius kann aus menschlicher Sicht dennoch nur wie eine Potenzierung erscheinen. Man könnte sagen, dass die Erweiterung des Handlungsspielraums einer Potenzierung ›in horizontaler Richtung‹ gleichkommt. Die Ausdehnung des Bereiches, in dem Macht wirkungsvoll ausgeübt werden kann, kommt einem Zugewinn an göttlicher, schöpferischer Autorität gleich. Dies ist aus dem einfachen Grunde logische, direkte Konsequenz der Schwingungserhöhung, weil diese eine Erweiterung der Selbstwahrnehmung ist.

Je mehr Du von Deiner eigenen Wirklichkeit erkennst, also je mehr Liebeserkenntnis, desto umfangreicher, tief greifender und herrlicher Deine Möglichkeiten im Außen. Was in der einen Dimension wie Zauber, Magie und Wunder erscheint, das ist in der anderen selbstverständliche Wirkung schöpferischer Ursache, die in den Selbstausdruck drängt. An dieser Stelle will ausdrücklich betont sein, dass es innerhalb der Erfahrung von Erleuchtung nichts in Dir geben kann, das nicht schon jetzt vollkommen und vollständig in Dir vorhanden wäre. Nichts kannst Du jemals sein, was Du nicht schon jetzt bist und ewig warst. Als gültiger, integraler Aspekt von Alles-was-Ist kann auch Deine Vollkommenheit nur eine ewige und unwandelbare sein. Vollkommenheit kann kein Evolutionsprozess sein, nichts, das da werden müsste, denn dann könnte es sie nicht geben. Es würde bedeuten, dass Vollkommenheit vom Zeitfaktor abhängig ist, was eine Einschränkung ihres Seins wäre und somit ein Widerspruch in sich selbst. Was Einschränkung unterworfen ist, kann nicht Vollkommenheit sein, denn Einschränkung impliziert das Ausschlussprinzip. Vollkommenheit kann von ihrem Wesen her nur absolut sein. Absolutheit schließt Ewigkeit ein.

Wir legen deshalb so großen Wert darauf, dies zu betonen, weil Du Dir sonst leicht in die eigene Falle gehst, nämlich dann, wenn Du vergisst, dass es nichts zu werden gibt, sondern lediglich zu erkennen. Sowie der Mensch an Werden denkt, nimmt er sich selbst als unvollkommen, weil ›unfertig‹ wahr. Diese Wahrnehmung verhindert jedoch das Werden, denn das Erkennen, dass es nichts zu werden gibt, ist das Werden.

Vor lauter nervöser Rührigkeit und Umtriebigkeit im Hinblick auf die so sehnsüchtig angestrebte Erleuchtung wird dies nur allzu leicht übersehen. Du glaubst, so viel tun zu müssen, um den Aufstieg zur Erleuchtung zu verdienen. Aber, Gott in Menschenhaut, Du verdienst ihn nicht durch Dein Tun, sondern einfach ›nur‹ durch Dein Sein. Es kann jetzt und ewig kein anderes Argument für Berechtigung geben, für wen auch immer, wofür auch immer. Es gibt nichts zu tun, es gibt nur zu sein, all das, was Du sein willst.

Gott stellt keine Existenzbedingungen an sich selbst und seine Schöpfung. Und so ›ölst Du die Himmelstür‹ am besten, indem Du erkennst, dass es nichts zu ölen gibt. *(Anm. der Verfasserin: Scherzhaft gesagt).* Das einzige für Dich entscheidende Kriterium in Sachen Erleuchtung ist die Frage, ob Du sie willst. Wenn Du daran zweifelst, hast Du vergessen, wer Du bist.

Dieser wunderbare, scheinbare Widerspruch zwischen Wollen und Nichtwollen ergibt sich aus den beiden dualen Aspekten ein und desselben Prinzips. Was Du willst, kann nur in dem Maße sein, in dem Du erkennst, dass es nichts zu wollen gibt. Was sollte es zu wollen geben für den, der weiß, dass schon alles ist? Wenn Du das willst, was ist, dann hast Du alles. Mit anderen Worten: Je mehr Du erkennst, dass Du nichts tun oder ändern musst, um an Dein Ziel zu gelangen, desto unmittelbarer, müheloser und direkter wirst Du Dich genau dort wiederfinden. Gott verkauft oder verlangt keine Eintrittskarten und hier gibt es keinerlei Beitragszahlungen, die es zu leisten gäbe. Die Erkenntnis des eigenen Selbstwertes wartet auf Dich. Gott braucht diese Erkenntnis nicht, aber Du.

Erleuchtung ist sowohl ein Kind der Freiheit als auch der Verantwortlichkeit. In dieser Welt, so wie sie sich den meisten von Euch bis dato darstellt, ist dies ein Widerspruch. Für Euer Begriffsverständnis stehen beide Prinzipien sich gegensätzlich gegenüber. Sowie Ihr Euch mit einem Konzept der Verantwortung konfrontiert seht, schwindet Euer Gefühl von Freiheit. Angst vor Druck, Einschränkung, Überlastung, Versagen und Schuld macht sich breit. In einer Welt, die Verantwortung meist um den Preis der Selbstverleugnung, ja des Selbstverrates fordert und dies dann auch noch mit Liebe gleichsetzt, ist dies nur allzu nachvollziehbar. Doch die Wahrheit sieht anders aus. In der Wirklichkeit der göttlichen, bedingungslosen Liebe sind Freiheit und Verantwortung eine untrennbare Einheit, die beiden Seiten ein und derselben Medaille.

Die Verantwortung, die Du hast, Deine einzige und ewige Verantwortung, ist die Wahrung Deiner Freiheit. Als gültiger, vollwertiger, in sich selbst vollständiger Teil von Alles-was-Ist hast Du die Verantwortung, niemals gegen Dich selbst zu sein. Dieses Niemals-gegen-Dich-selbst-Sein impliziert alle Freiheit, denn nichts weniger als das ist göttliche Natur. Wenn wir sagen, Du bist ein in sich selbst vollständiger Teil von Alles-was-Ist, dann könnte man es auch so formulieren, dass man sagt, Gott ist vollständig in jedem seiner Teile. Genau diese Vollständigkeit des Göttlichen in Dir ist es, das sowohl Deine Verantwortlichkeit als auch Deine Freiheit erklärt und ausmacht.

Die Vollständigkeit Gottes impliziert den absoluten Charakter Deiner Wirklichkeit, so wie sie auch seine Absolutheit einschließt. Wo Absolutheit herrscht, kann es keine Einschränkung der Freiheit geben, denn im Absoluten gibt es keinen Ausschluss oder aber, das Absolute wäre nicht absolut. Doch die Dinge sind, was sie sind. Gott ist sich über sich selbst vollkommen im Klaren und führt sich nicht selbst an der Nase herum, das tut nur der Mensch. *(Anm. der Verfasserin: Scherzhaft gesagt).*

Deiner Verantwortung obliegt es, wie gesagt, niemals gegen Dich selbst zu sein. Niemals gegen Dich selbst sein heißt, niemals gegen Deine Wirklichkeit sein. Weil Deine Wirklichkeit die Wirklichkeit Gottes ist, kann Deine Verantwortung wie auch Deine Freiheit nur absolut sein. Deine absolute Verantwortung ist Deine absolute Freiheit – und umgekehrt. Dies führt uns schlussendlich wieder zurück zu unserem anfänglichen Gedankengang. Es gibt nichts zu tun, es gibt nichts zu werden, es gibt nichts zu wollen. Alles, was jemals sein kann, ist schon hier und jetzt in Dir. Es gilt nur, dies zu erkennen.

»Wenn Gott will,
dann will ich auch!«
Wolfgang Amadeus Mozart

# Die Verwirklichung der neuen Möglichkeiten

Meine liebe Freundin, mein lieber Freund, zu tun, was Du tun willst, ist Deine Freiheit. Zu sein, was Du bist, ist Deine Verantwortung – und umgekehrt. Das eine bedingt das andere und ist ebenso logische Konsequenz davon. Die Freiheit der Verantwortung wie auch die Verantwortung der Freiheit werden nunmehr nicht länger als mühselig zu tragende Last empfunden und erlebt.

Was Dir jetzt noch als belastende Verpflichtung anmuten mag, wenn wir von Verantwortung reden, wird sich im energetischen Umfeld der Erleuchtung völlig anders anfühlen. Du wirst Verantwortung als das wahrnehmen, was sie wahrlich ist, die reine, ungetrübte, uneingeschränkte Freude an der Wirklichkeit und Autorität des eigenen Seins. Freude an Verantwortung geht immer einher und ist gleichzusetzen mit einem gewissen ›Zuwachs‹ an Leben, es ist ›mehr‹ Leben, zumindest wird es sich Dir so darstellen.

Diese Freude an der Verantwortung, die natürlicher Aspekt der göttlichen Allmacht ist, bewirkt eine für Dich derzeit kaum vorstellbare Leichtigkeit des Seins, die nicht erschwert werden kann, ungeachtet der äußeren Umstände. Weil Verantwortung ein göttliches Prinzip ist, ist es vollkommen unmöglich, dass sie nicht mit einer natürlichen Freude einhergeht. Es gibt kein göttliches Prinzip, keinen einzigen Aspekt in Alles-was-Ist, der nicht auf Liebe beruht.

Somit kann es niemals sein, dass in ihm etwas wäre, das nicht Freude ist. Wenn also in Dir etwas ist, das nicht Freude ist, dann musst Du Dich über Dich selbst geirrt haben.

Freude an der Verantwortung bewirkt den Genuss des Lebens in vollen Zügen, weil es keine Aspekte des Lebens mehr gibt, die verleugnet und ausgeblendet werden. Der Eindruck des ›Mehr‹ an Leben entsteht aus der uneingeschränkten Akzeptanz des Vorhandenen, die auch jene Aspekte einschließt, die vorher ausgeklammert blieben. So ist das ›Mehr‹, wie könnte es anders sein, ein Mehr an Erkenntnis.

Kaum ein Begriff wurde von euch Menschen so drastisch verzerrt wie das Konzept der Verantwortung. Wie wir ausführlich in Band I *Des Menschen Wunsch und Gottes Wille* gesehen haben, hat die Welt das Verantwortungsprinzip untrennbar an das Schuldkonzept gekoppelt und somit dem Göttlichen ein Teuflisches zur Seite gestellt. Der Begriff der Verantwortung ist im Grunde und in Wahrheit lediglich ein anderes Wort für das Prinzip von Ursache und Wirkung.

Verantwortung sagt, was sie ist. Sie bezeichnet die schöpferische, gestaltende Kraft und Macht des Bewusstseins, so wie die göttliche Urquelle sie aus sich selbst heraus in unermesslicher Liebe an seine Schöpfung weitergegeben hat. Verantwortung ist Deine Macht und Fähigkeit, auf Dich selbst zu antworten. Sie ist Deine Macht, als seiende Ursache unfehlbar Wirkung hervorzurufen. Mit anderen Worten: Du hast Konsequenzen! Es ist vollkommen unmöglich für Dich zu sein, ohne Folgen zu zeitigen. Das ist wahrhaft Grund zur Freude! Die Leichtigkeit des Seins, die Du so schmerzlich vermisst, ist im Grunde und in Wahrheit nichts anderes als die selbstverständliche Folge und Wahrnehmung von Angstfreiheit. Sowie keine Angst ist, ist Leichtigkeit, denn nur Angst macht alle Dinge schwer, Angst ist Schwere. Angst wiegt deshalb schwer, weil sie ein Fremdkörper in Deinem Energiefeld ist. Angst ist kein natürlicher Bestandteil Deiner Ursubstanz. Was, wenn nicht Angstfreiheit, könnte das Leben also leicht machen?

Freude an Verantwortung kann nur da und dort sein, wo das eigene Selbst nicht gefürchtet wird. Wenn die Ursache nicht gefürchtet wird, wird es auch die Wirkung nicht. Wo die Ursache sich selbst nicht fürchtet, da wird sie auch ihren Wirkungen nicht mit Misstrauen und Unbehagen begegnen.

Die Furcht vor Verantwortung ist also nicht, wie oftmals angenommen, die Angst, etwas falsch zu machen, sie ist vielmehr die Angst, falsch zu sein. Der Unterschied ist ein fundamentaler, denn das Sein ist die Essenz des Lebens, ja das Leben schlechthin. Das Tun ist wandelbar, das Sein ist es nicht. Wer sich selbst liebt, hat immer und unfehlbar Freude an Verantwortung. Deshalb wird sie sehr viel selbstverständlicher zu Deinem freudigen Lebensausdruck gehören.

Welchen Grund könnte es geben für den, der sich selbst mit Liebe anschaut, sich nicht an seiner Wirkung und damit an der Verantwortung zu erfreuen. Das kreative Spiel mit dem eigenen Sein ist immer lustvoll, es ist die pure Freude an der natürlichen Ausdehnung seiner selbst. So hat sie der Schöpfer selbst an seine Schöpfung weitergegeben, die da selbst Ausdehnung und Teil seiner selbst ist. Und hier wird dann ganz und gar offensichtlich, dass Verantwortung und Freiheit ein und dasselbe sind. Die Liebe zum Selbst eröffnet dem Selbst alle Möglichkeiten kreativer Handlung, denn die Liebe ist es, die sowohl Möglichkeiten offenbart als auch die Ermächtigung erteilt, sie aufzugreifen. Mit anderen Worten: Je größer die Selbstliebe, umso größer die Toleranz dem Selbst gegenüber. Je größer die Toleranz dem Selbst gegenüber, desto größer die Toleranz dem anderen gegenüber. Wo der Mensch sich nicht erlaubt, er selbst zu sein, erlaubt er es auch nicht dem anderen. Niemand kann einem anderen jemals mehr zugestehen als sich selbst.

Nichts anderes kann jemals die Persönlichkeitsrechte und die Freiheit des anderen schützen und wahren als der Schutz und die Wahrung der eigenen. So ist die Verantwortung für Dich selbst untrennbar mit der Verantwortung für Deinen Nächsten verbunden, mehr noch, sie sind ein und dasselbe. Deine Verantwortung für Dich ist Deine Verantwortung für ihn und Deine Freiheit ist die seine. Das Loslassen des Selbst ist sicherer Garant für den Frieden aller.

Du gehst wahrlich wundervollen Zeiten entgegen. Du selbst bist das Wunder, das sich selbst in Liebe erkennend den Nächsten erkennt als das, was auch Du bist, ein im wahrsten Sinne des Wortes liebenswürdiger Teil der Einheit. Die Möglichkeiten, die der Verwirklichung harren, werden Dir vollkommen selbstverständlich vorkommen, völlig angemessen und zeitgemäß. Nun, sie werden es tatsächlich sein, ganz einfach deshalb, weil Du sie Dir zugestehst.

»Dies über alles: Sei dir selber treu!<br>
Und daraus folgt, so wie die Nacht dem Tage,<br>
du kannst nicht falsch sein gegen irgendwen.«<br>
William Shakespeare

# Der Segen des Universums

Mein lieber Freund, meine liebe Freundin, was tut der Mensch im Allgemeinen, wenn er Großes vollbracht hat? Nun, er lässt sich feiern und feiert sich selbst.

Das ist, was Erleuchtung für Dich bedeutet und sein wird, ein Fest, eine unablässige Ehrung der eigenen göttlichen Ausdrucksform. Wenn der Mensch sich selbst die Ehre gebietet, dann sieht er sich mit Gottes Augen. Wenn der Mensch sich selbst die Ehre gebietet, dann ist er Gott, der liebend auf sich selbst blickt. Ehre gebührt Dir nicht für Dein Tun, Ehre gebührt Dir für Dein Sein.

Wenn wir jedoch nur wenige Zeilen zuvor von Ehre ob großer Taten sprechen, dann ist dies keineswegs ein Widerspruch. Die Ehre gebührt Dir deshalb, weil die große Tat darin besteht zu erkennen, dass die Ehre dem Sein gebührt und keiner Taten bedarf. Große Erkenntnis ist großes Tun und großem Tun geht immer und ausnahmslos große Erkenntnis voraus. Die Würde des Menschen ist wahrlich unantastbar. Wo sie geschützt werden muss, da ist sie schon verachtet. Der Mensch, der sich selbst liebt und anerkennt als das, was er ist, schützt seine Würde ganz selbstverständlich und wo er die eigene schützt, da ist auch die des anderen vollkommen sicher. Die Ehre ist die unausbleibliche Folge von Verantwortungsübernahme und Freiheit, die wiederum der Selbstliebe folgen. Ehre ist das natürliche, gottgegebene

Gefühl für die eigene Größe. Bist Du vor Dir selbst groß, dann ist es auch jeder andere. Niemand kann sich selbst entfliehen, dies ist nicht nur jetzt so, sondern bis in alle Ewigkeit.

Siehst Du Dich selbst in Deiner ganzen, wirklichen, prachtvollen Größe, dann sind es auch Deine Wirkungen, denn alles ist Zurückstrahlung, Wechselwirkung. So schließt sich der Kreis und wir finden uns schließlich bei der Freude an der Freiheit und der Verantwortlichkeit wieder.

Im Grunde und in Wahrheit finden diese Prozesse nicht in linearer Abfolge statt, in Wirklichkeit handelt es sich nicht einmal um Prozesse, denn wenn es keine Zeit gibt, dann kann es auch keinen Prozess, keine Handlungsabfolge geben. Zu Verständniszwecken ordnen wir hier linear an, was man eher als eine Kreisform bezeichnen müsste, in deren Zentrum sich die Liebe befindet. In einer Art pulsierender, lebendiger Ausdehnung ihrer selbst treten die anderen Aspekte, die Verantwortung, die Freiheit und die Ehre, gleichzeitig in Erscheinung und reflektieren sich gegenseitig.

Liebe ist jetzt und ewig die Ursache von allem, was segensreich und wirklich ist. Ihre Wirkungen stehen in keinerlei hierarchischer Ordnung zueinander. Ein Segen ist nicht größer als ein anderer, tatsächlich sind sie alle eins, untrennbar miteinander verwoben und emotional kaum voneinander zu unterscheiden.

Verantwortung, Freiheit, Größe: Das sind die tragenden Säulen Deiner Wirklichkeit. Was, wenn nicht Liebe, könnte ihr Fundament sein? Was, wenn nicht Liebe, könnte Erleuchtung bewirken, sie ermöglichen, sie einläuten und kennzeichnen? Was, wenn nicht Liebe, könnte es ›zu tun‹

geben, was zu wissen, was zu sein? Wahrlich, Du gehst mit dem Segen des Universums, weil Du den Weg der Liebe gehst.

»Es kann die Ehre dieser
Welt dir keine Ehre geben.
Was dich in Wahrheit hebt und
hält, muss in dir selber leben.«
Theodor Fontane

# Die Neuorientierung

Meine liebe Freundin, mein lieber Freund, wie wir bereits erwähnten, ist sehr viel Verwirrendes im Zusammenhang mit Erleuchtung und dem Weg dorthin gesagt worden. Nun, wir werden uns dem anschließen. *(Anm. der Verfasserin: Scherzhaft gesagt).*

Die Verwirrung, die mit den Übermittlungen ausgelöst wird, ist zumindest teilweise unvermeidbar. Es ist fast unmöglich, sich über die Dimensionenhürde hinweg zu unterhalten und dennoch logisch und schlüssig zu bleiben. Innerhalb einer jeweiligen gegebenen Ebene müssen die Dinge ineinander passen wie die Teile eines Puzzles. Wahrheit ist nur dann Wahrheit, wenn sie es von allen Seiten aus betrachtet bleibt und aus jedweder Perspektive immer und unfehlbar zum gleichen Ergebnis führt.

Nun, schlussendlich gilt diese Aussage auch dimensionsübergreifend, aber aus Sicht der einen oder der anderen Dimension allein ist dies nicht wahrnehmbar. Der übergeordnete Blick erst ist es, der die wahre Schau der Dinge ermöglicht, die herrliche, göttliche Schau aller Dinge, die doch im Grunde und in Wahrheit nur ein Ding sind und sein können, denn es gibt nur ein Alles-was-Ist.

Auf der Ebene, auf der wir hier sprechen, über die Ebene zu reden, über die wir reden wollen, ist nicht ganz unproblematisch. Es ist vergleichbar mit dem Versuch, in einer Welt, in der es Farben gibt, eine Farbe zu erklären, die es dort nicht gibt. Siehst Du, immerhin weißt Du, was der Begriff

›Farbe‹ bedeutet. Dennoch ist es Dir nicht möglich, Dir eine Farbe vorzustellen, die Du nie gesehen hast, die Du nicht kennst, weil es sie in Deiner Welt nicht gibt. Wir lassen Dir gerne einen Augenblick, um in Deinem Kopf emsig in den Farbtöpfen zu rühren und zu mischen ... *(Anm. der Verfasserin: Scherzhaft gesagt)*.

Nun, wie Du feststellen wirst, ist es Dir unmöglich, eine Farbe zu kreieren, die es nicht gibt. Mit Deinen ›Grundfarben‹ kannst Du nicht wirklich Neues erschaffen, weil Du von nicht neuen Prämissen ausgehst. Dort, wo die Parameter dieselben bleiben, können auch die Ergebnisse nicht wirklich überraschen. Du brauchst sozusagen neue Grundfarben und die wirst Du bekommen. An dieser Stelle will ausdrücklich betont sein, dass es sich dennoch um ›Farben‹ handelt, um bei unserer bildlichen Sprache zu bleiben. Der Urstoff bleibt ewig derselbe, Alles-was-Ist, ewig Er selbst, unveränderlich im fortschreitenden Wandel unendlicher, göttlicher Evolution.

Was wir im Folgenden tun können und werden, ist Dich auf diese neuen Farben vorzubereiten. Wir können die ›Farbe der Farben‹ aus eben erklärten Gründen nicht wirklich vermitteln, aber wir können Dir sehr wohl dabei helfen, Deine geistigen Augen auf den Anblick des Neuen einzustimmen und Dich an das, was da kommt, zu gewöhnen und damit umzugehen. Die kleine Alice aus dem gleichnamigen Märchen hat sich in diesem neuen, ihr fremden Wunderland nur deshalb gefürchtet, weil sie dessen Gesetze und Funktionsweisen nicht verstand. Alles schien ihr verwirrend, unlogisch und irgendwie verrückt. In sich selbst und für sich selbst ist diese ihr fremde Welt ein gültiges und völlig schlüssig funktionierendes System. Es ist nicht verrückter oder absurder, den ›Nichtgeburtstag‹ zu feiern als den Geburtstag für denjenigen, der es so wahrnimmt. Im Gegenteil, bedenkt man die Häufigkeit des Eintretens des jeweiligen Anlasses. *(Anm. der Verfasserin: Scherzhaft gesagt).*

Siehst Du, genauso wenig ist es verrückt oder absurd, auf eine Aggression, begleitet von Waffengewalt, mit einem Liebesangebot zu antworten. Eurer jetzigen Ebene entsprechend wäre das etwa gleichzusetzen mit dem Feiern des Nichtgeburtstags. Die meisten Menschen würden einem solchen Verhalten mit Unverständnis, Missbilligung und vor allem Angst gegenüberstehen. Selbst diejenigen Menschen, die die innewohnende Weisheit zu erahnen in der Lage sind, wären dennoch in Sorge und furchtsamer Erwartung schrecklicher Konsequenzen. Dies ist so, weil selbst die Weisesten unter Euch in der jeweils gegebenen Schwingungsebene ›bestenfalls‹ in der Lage sind, die Gültigkeit neuer, anderer, erweiterter Prämissen zu erspüren und intuitiv zu erfassen.

Die vollständige, umfassende Integration ist jedoch nur innerhalb einer veränderten Wahrnehmungsumwelt möglich und dann auf jeden Fall gegeben. Die Erweiterung der spirituellen Parameter würde ein Verhalten wie das in unserem Beispiel mit der Aggression zitierte ganz selbstverständlich als einzig logische, vernünftige und erfolgversprechende Vorgehensweise erkennen lassen. Es ist nicht verrückt, waghalsig oder unangemessen, Aggression mit Liebe zu beantworten. Genau das Gegenteil ist der Fall.

Das allgemeine spirituelle Verständnis könnte in mancherlei Hinsicht an das anknüpfen, was Ihr jetzt noch als ›primitiven‹ Bewusstseinsstand so manches Eurer Urvölker betrachtet, naiv, unterentwickelt und dem Euren unterlegen.

Der moderne Mensch der Neuzeit hat sich die Dinge damit erklärt, dass dem Urvolk die Möglichkeit zur Entwicklung verwehrt war, weil es ihm an fortschrittlichen Erfahrungswerten mangelte. Nun, die Dinge sind nur selten das, was sie scheinen, denn die Irreführung ist ihr Sinn und Zweck.

Euch ist wohl kaum je in den Sinn gekommen, dass sie Eure Erfahrungen deshalb nicht machen, weil sie sie nicht brauchen. Wir reden hier nicht von den wundervollen Populärweisheiten eines White Eagle, sondern auf viel grundsätzlicherer Ebene. Sieh, wie er auf sich selbst blickt und Du wirst wissen, wer von wem lernen kann.

Wenden wir uns wieder unserer Alice zu. In großer Verwirrung irrt sie durch die neue, ihr fremde Welt. Manches davon ist erheiternd und belustigend, anderes eher beängstigend und einschüchternd, vieles jedoch ist unverständlich und alles ist erfrischend anders und so ist immer auch ihre Neugier geweckt und angestachelt. Nun, wie uns am Ende der Geschichte klar wird, hat sie diese ganze Welt und ihre Erlebnisse darin nur geträumt. Das Wunderland, das Alice durchwandert, es ist in ihr selbst, Teil ihrer eigenen inneren Welt, es ist sie. Selbstverständlich, wie sonst könnte sie es jemals durchwandern und erfahren?

In diesem Umstand – und nur hier – liegt die Quintessenz der ganzen Geschichte. Fremdartig und beängstigend ist nur, was nicht als Teil des Selbst erkannt und somit integriert ist. Was immer sie erlebt, was immer ihr widerfahren oder sie scheinbar bedrohen mag, in Wirklichkeit ist sie in jedem Augenblick in völliger Sicherheit. Selbst die böse Königin ist Teil ihrer selbst, ein Aspekt ihrer eigenen Wesensstruktur, unerkannt, verleugnet, nicht angeschaut. Die Wirklichkeit, in die hinein sie schließlich erwacht, ist nicht wirklicher als die Traumrealität des Wunderlandes, sie ist Alice lediglich bekannt und vertraut. Dies ist der einzig wirkliche Unterschied.

Nun, warum erzählen wir Dir diese Parabel? Weil es Dir in diesen Zeiten der Neudefinition Deiner selbst ein bisschen so ergehen wird wie Alice im Wunderland, wenn Du versuchst, Dich ohne das Dir gegebene ›himmlische Navigationssystem‹ in dem fremden, unbekannten Land zurechtzufinden. Dieses Navigationssystem, von dem die Rede ist, kann nur aus den Konstruktionselementen zusammengebaut sein, die wir in diesem Kapitel besprochen haben: Verantwortlichkeit, Freiheit, Ehre.

Je größer die Selbstliebe, desto einfacher die Dinge. Nichts kann es jetzt und ewig geben, das da nicht von der Liebe vereinfacht, erleichtert, ermöglicht, geheilt und erlöst würde. Die Liebe erschafft und erleichtert den Weg der Erleuchtung gleichermaßen. Ja mehr noch, sie macht ihn zur unausweichlichen, unwiderstehlich anziehenden Wirklichkeit. Um es ganz einfach auszudrücken: Ab einem gewissen Punkt der Liebe ist Erleuchtung die einfachste und selbstverständlichste Sache der Welt, eben logische Konsequenz.

Es ist in etwa so, wie wenn Wasser in einem Topf zum Kochen gebracht wird. Nun, ab einem gewissen Hitzegrad kocht es einfach über in einen größeren Kochtopf. Es braucht mehr Raum, seine ›Welt‹ ist ihm zu klein, zu eng geworden. Ihr alle kocht über und der neue Kochtopf wird euch im wahrsten Sinne des Wortes Ausdehnungsmöglichkeiten bieten, die Ihr Euch jetzt noch kaum vorzustellen wagt. *(Anm. der Verfasserin: Scherzhaft gesagt*). Dies ist ganz einfach deshalb so, weil die Integrationsbereitschaft des Menschen, wie übrigens auch die jeder anderen

Bewusstseinsform, immer und ausnahmslos proportional zur Selbstliebe ist. Um diese geistige Gesetzmäßigkeit auf unsere entliehene Parabel von Alice im Wunderland anzuwenden: Je mehr Alice sich selbst liebt und somit in all ihren Facetten akzeptiert und anerkennt, desto weniger muss sie verdrängen und daher fürchten. Sie hätte die böse Königin, wie auch all die anderen Begegnungen, als einen gültigen Aspekt ihrer Gesamtwesenheit erkannt und somit der Abwehr und damit der Angst ein Ende gesetzt.

Verantwortlichkeit, Freiheit und Ehre für das, was Du bist: Sowie Du der Furcht ein Ende setzt, erkennst Du das Wunderland in Dir, das darauf wartet, freudig entdeckt zu werden.

»Und ob alles in ewigem Wechsel kreist,
es beharret im Wechsel ein ruhiger Geist.«
Friedrich von Schiller

# 5. Teil

## Die Verlagerung der Werte

# Selbstvertrauen und Mut

Mein lieber Freund, meine liebe Freundin, wie Du weißt, lieben wir es, Dich im spielerischen, experimentellen Umgang mit Eurer Sprache zum Nachdenken anzuregen, und wir tun dies nicht grundlos. Es geht um das Aufweichen der Polaritäten. Es geht um einen geradezu gigantischen Prozess, den Du als eine Art natürlicher Aussöhnung, als eine versöhnliche Annäherung der Gegensätze empfinden wirst. Diese Annäherung der Gegensätze ist eines der grundlegenden und augenfälligsten Merkmale des Erleuchtungszustandes.

Immer und überall dort, wo Gegensätze ihrer Verschmelzung zustreben und die Wahrnehmung der Einheit einen weiteren Schritt in Richtung Erlösung tut, wird das Leben als ungleich leichter, einfacher, müheloser und harmonischer empfunden. Es kann nicht anders sein, denn je näher das Bewusstsein der göttlichen, allumfassenden Wirklichkeit kommt, desto großartiger die Wahrnehmung. Was aber ist nun so wichtig für Dich an dieser Aufweichung der scheinbar gegensätzlichen Natur, der Zweiseitigkeit aller Dinge? Worin liegen die praktischen Auswirkungen für Dich und Dein Leben?

Die Folgen der Annäherung der dualen Gegensätze sind fantastisch und zum jetzigen Zeitpunkt geradezu unglaublich für Dich. Die einfache und völlig logische Konsequenz ist die, dass Du über sehr viel mehr Spielraum verfügst, bevor Du etwas ›falsch‹ machen kannst, nichts weniger als das ist die wundervolle Konsequenz. Anders ausgedrückt: Die Schwelle der Leiderfahrung entfernt sich von Dir.

Diese Deine Welt wird ganz allgemein gesprochen eine wesentlich glücklichere und harmonischere. Es ist vollkommen unmöglich, dass die fortschreitende Erkenntnis der Einheit dies nicht zur Folge haben könnte. Bisher war und ist es so, dass Menschsein einen nicht unerheblichen Akt des Mutes darstellt. Viele im Universum liegen Euch seit Anbeginn der Erdenzeiten in Ehrerbietung und Bewunderung zu Füßen, denn es war und ist nicht selbstverständlich, sich aus dem Licht und dem Wissen heraus für die Erfahrung von Dunkelheit und Vergessen zu entscheiden. Es ist und bleibt nach wie vor eine göttliche Glanzleistung, sich in dieser spezifischen Weise der Erfahrungsmöglichkeit von Liebe oder Angst zu stellen.

Vermehrtes Liebesbewusstsein – nichts anderes ist Erleuchtung und nichts anderes kann sie sein – lässt die Dualitäten einander zustreben. Vieles kann und wird sich Dir nun anders darstellen. So wie sich die Schwingungsebene verschiebt, werden sich die Herausforderungen verschieben. Die neuen, Dich erwartenden Aufgaben wirst Du selbst zu erkunden haben. Worum es uns hier im Besonderen geht, ist die Tatsache, dass der zu erbringende Mutaufwand für eine Inkarnation einen völlig anderen Stellenwert im Verhältnis zu den erreichbaren Zielen haben wird. Das sind doch wahrhaft wunderbare Neuigkeiten. Es wird so sein, um es in zur jetzigen Zeit verständliche Begriffe zu kleiden, dass mit sehr viel weniger sehr viel mehr erreicht werden kann und auch wird. Wenn die Polaritäten weicher werden, also der Handlungsspielraum sich vergrößert, sind die Risiken, wohlgemerkt im Vergleich mit den jetzt herrschenden Parametern, drastisch eingeschränkt. Das Vertrauen in die eigenen Handlungen und in ihre Konsequenzen ist unter solch ungleich günstigeren Bedingungen selbstredend entsprechend größer.

Dieses Mehr an Selbstvertrauen muss im Lichte der Liebe nicht erst erarbeitet und erlernt werden, wie dies noch in Deiner Generation der Fall ist, sondern stellt vielmehr einen selbstverständlichen Bonus dar, der Dir als natürlicher Wesensaspekt gegeben sein wird. Der erweiterte Handlungsrahmen ist einer Bühne vergleichbar, auf der Du nunmehr wesentlich mehr Möglichkeiten hast, Dich spielerisch auszudrücken, weil die Kulissen verschoben wurden. Das Ganze ist einer Erweiterung des Bühnenbildes vergleichbar, Du hast also mehr Platz.

Außerdem, und das ist vielleicht noch bemerkenswerter, wird die Gestaltung der Kulisse ›neutraler‹, was den Vorteil hat, dass Du nun deutlich mehr verschiedene Rollen spielen kannst. Dein Handlungsspielraum vergrößert sich also nicht nur räumlich, sondern auch inhaltlich. Du kannst Dich also nun in sehr viel mehr Rollen ›austoben‹, bevor die ›Kritik‹ zuschlägt. Das ist bildlich gesprochen was wir meinen, wenn wir sagen, dass sich die Grenzen der Leiderfahrung verschieben.

In der energetischen Atmosphäre des Erleuchtungszustandes werden sozusagen viele Stücke als richtig gespielt und wundervoll inszeniert erkannt, die vormals ›durchgefallen‹ wären. Du wirst nicht nur spiritueller, Du wirst auch experimenteller. Doch dazu später mehr. Das Verhältnis zwischen Mut und Selbstvertrauen ist nur auf den ersten

Blick ein offensichtliches. Mut geht immer und ausnahmslos einher mit Angst, denn er ist ein Synonym für deren Überwindung. Wo keine Angst ist, braucht es keinen Mut, denn jenseits der Angst wird auch Mut zum sinnlosen Konzept.

Mut ist jedoch mehr als nur eine Umschreibung für die Anwesenheit und Überwindung von Angst und das ist, was ihn wirklich zu einer großartigen menschlichen Eigenschaft macht: Mut ist auch Vertrauen in die Gegenwart von Liebe.

Mut ist Vertrauen darin, dass Liebe anwesend ist, ohne sie wahrnehmen zu können, denn sonst wäre die Angst nicht, die es zu überwinden gilt. Mut ist Vertrauen in Liebe und damit in Alles-was-Ist, ungeachtet der irrigen, anders aussehenden Wahrnehmung, die von der Angst gespeist wird. Dort wo Vertrauen in das Selbst und damit in die göttliche Allgegenwart der Liebe ist, da schwindet die Angst und in demselben Verhältnis weicht der Mut dem Frieden.

Mut ist im Grunde und in Wahrheit ein Geschenk Gottes an sich selbst, dort wo Er sich in Menschenhaut in die Dunkelheit begibt. Alle göttlichen Gaben sind immer und ausnahmslos dort anzutreffen, wo sie notwendig sind. In einer Atmosphäre von Selbstliebe und Vertrauen wird der Mut sehr viel weniger ein an Angst, als vielmehr ein an lustvolle Neugier gebundenes Prinzip sein. Wo Selbstliebe ist, erübrigt sich die Notwendigkeit von Mut, die Liebe steigt sozusagen einfach über sie hinweg.

Die Schwingungserhöhung erhebt Dich im wahrsten Sinne des Wortes über den Bedarf, genauer gesagt, Du selbst erhebst Dich über die Notwendigkeit. Wer sonst könnte es tun?

Wo die Liebe zum Selbst eine Anpassung in Richtung der göttlichen Wirklichkeit erfährt, da müssen alle anderen

Seinsaspekte folgen. Und so ist es mit dem Mut nicht anders als mit jedem anderen Aspekt der Wirklichkeit. Was wirklich ist, das kann nur freud- und lustvoll sein.

»Der Vogel singt,
auch wenn der Ast verdächtig knistert,
denn er weiß, was seine Flügel sind.«
José Santos Chocano

# Neugier und Sicherheit

Meine liebe Freundin, mein lieber Freund, wenn wir an dieser Stelle die Unterscheidung von Theorie und Praxis darlegen und betonen, dann nicht, weil diese Differenzierung in irgendeiner Weise wirklich bedeutungsvoll wäre. Tatsächlich ist sie ohne jegliche Wichtigkeit.

Wir tun dies einzig und allein, um Dir ein Gefühl von Einordnung und damit von Sicherheit zu geben. Im Grunde und in Wahrheit ist jede Unterscheidung von Praxis und Theorie ein fiktives Gedankenkonstrukt, das nur innerhalb des materiellen Rahmens sinnvoll sein kann. Da es nichts als Bewusstsein gibt, in welcher Form auch immer, kann es so etwas wie ›Theorie‹ in Deinem Sinne gar nicht geben. Jeglicher Gedanke, jede Idee, jede Information, jedes Wort, ist bewusstseinsverändernde, also geistige Bewegung.

Bewusstsein in Bewegung ist lebendige Handlung, Tat, Aktion und damit Praxis. Du bist Dir dessen nur aus dem Grunde nicht oder nur wenig bewusst, weil Dir nicht klar ist, dass Sein und Handeln ein und dasselbe sind: Sein ist Handlung! Da es uns hier um den Aspekt der Sicherheit geht, will diese Tatsache an dieser Stelle ausdrücklich betont sein.

Alles ist Bewusstsein in unendlicher göttlicher Vielfalt der Ausdrucksformen. Jedes Wesen ist von göttlicher Natur aus neugierig. Und ebenso ist jedes Wesen – wieder von göttlicher Natur aus – in Sicherheit. Es wird besonders viele von Euch freuen zu erfahren, dass Ihr sehr viel unbekümmerter mit Eurer natürlichen Neugier umgehen könnt. *(Anm. der Verfasserin: Scherzhaft gesagt)*.

Wer die menschliche Neugier verurteilt, der hat sie nicht verstanden. Neugier, der Drang zur Entdeckung und Erforschung von Unbekanntem und vor allen Dingen Unverstandenem, ist eine mächtige göttliche Triebfeder und Mittel zum Zweck der Selbsterkenntnis. Neugier setzt immer dann und dort aktiv ein, wo Aspekte des Selbst noch nicht verstanden und integriert sind, die grundsätzliche Bereitschaft dazu jedoch vorhanden ist. Neugier ist kein menschlicher Makel, es ist im Grunde und in Wahrheit eben diese Integrationsbereitschaft, welche die Neugier zu einem lustvollen Erfahrungsprinzip macht.

Alles-was-Ist ist Selbstzweck, denn was allumfassend ist, kann nur sich selbst bezwecken. Und so ist es auch die Erkenntnis seiner selbst in all seinen nur erdenklichen Bewusstseinsstufen und Daseinsformen. Was aber Selbsterkenntnis und damit Selbstzweck ist, kann nur lustvoll sein. Mit anderen Worten: Alles was göttlich-natürlich ist, ist beglückend. Und so ist es, wie wir bereits in Band I *Des Menschen Wunsch und Gottes Wille* gesehen haben, alles was Dich nicht glücklich stimmt, kann nur Irrtum über Dich selbst sein.

Auf Deiner jetzigen Erfahrungsebene wird die Neugier gerne mit drohender Gefahr assoziiert. Wer sich in neue, unbekannte Gefilde des Selbst und damit auch der Außenwelt begibt, dem droht Verletzung oder gar Untergang. Der Mangel an Bereitschaft, vertrauten Boden zu verlassen, entspringt dieser Angst und bezeugt sie. Der natürliche Impuls der Neugier wird verdrängt und verleugnet und damit das Fortschreiten der Entwicklung vereitelt oder zumindest verzögert. Und so liegt das wirkliche Potenzial für Verletzung dort, wo es nicht vermutet wird, eben dort, wohin man sich begeben hat, um ihm zu entrinnen.

Wie wir gesehen haben, wirst Du über einen erweiterten Handlungsspielraum verfügen, ohne Dich der Verletzungsgefahr auszusetzen. Du wirst experimenteller mit Dir selbst umgehen können, ohne dass Du unliebsame Folgen zu fürchten und zu tragen hättest. Je größer das Liebesbewusstsein, also je lichter die Dichte, umso ›höher‹ die Dimension.

Die Verschiebung des Liebesbewusstseins ›nach vorne‹ hat unweigerlich die Verschiebung der Leiderfahrungsgrenze ›nach hinten‹ zur Folge. Es ist vollkommen logisch, dass, je unwahrscheinlicher die Leiderfahrung, also je weiter entfernt die Schmerzgrenze, desto größer die Sicherheit.

Du kannst Dich selbst spielerisch ausprobieren, Dich selbst erkunden. Anders als jetzt, wird es Dir in viel größerem Umfang möglich sein zu erforschen, ob etwas ›Dein Ding‹ ist oder nicht. Wenn dem nicht so ist, dann beendest Du einfach die Erfahrung, nunmehr wissend, dass sie es nicht ist. Nichts anderes tust Du jetzt auch, jedoch mit dem fundamentalen Unterschied, dass diese Art der Erfahrung bisher mit emotionalem Schmerz verbunden, ja oft sogar von physischer Krankheit begleitet ist. In der lichteren Dichte kannst Du Dir sehr viel mehr ›erlauben‹, bevor Du Dich dieser Art der Leiderfahrung ergeben musst.

Wo Liebe zum Selbst ist, da wird das Selbst nicht als bedrohlich empfunden. Nichts kann jemals gleichzeitig geliebt und gefürchtet werden. Liebe und Angst schließen sich ewig aus. Entsprechend der veränderten Selbstwahrnehmungsparameter wird die neugierige Erkundung des eigenen Selbst und damit auch die des anderen sehr viel selbstverständlicher als lustvoll und gefahrlos empfunden und erfahren. Wer mit sich selbst eins ist, der fürchtet nicht, sich anzusehen.

Die einzige und wirkliche Sicherheit des Seins kann also nur auf Liebe beruhen und von ihr gewährleistet sein. Was sonst könnte jetzt und ewig Sicherheit, Aufstieg und Erlösung bringen?

»Wie sollten die Wechselfälle des
Lebens noch Verwirrung stiften,
wenn man voll innerer Sicherheit
gegenüber allen Unsicherheiten ist?«
Lucius Annaeus Seneca

# Leidenschaft und Hingabe

Mein lieber Freund, meine liebe Freundin, Leidenschaft, das unwiderstehliche Gefühl der Anziehung, das etwas auf Dich ausübt und die daraus sich ergebende Hingabe daran, ist ebenso göttlich-natürlicher Seinsaspekt des menschlichen Bewusstseins wie die Neugier und ihr nahe verwandt.

So wie die Neugier die Anziehung von noch nicht Verstandenem und Integriertem kennzeichnet, so entsteht die Leidenschaft immer und ausnahmslos für Aspekte, die bereits als Teil des Gesamtselbst erkannt und akzeptiert, also integriert sind. Es mag erstaunen, dass die emotionale Quantität beider Prinzipien dieselbe ist. Dies ist und muss logischerweise so sein, denn Bekanntes und Unbekanntes, Verstandenes und Unverstandenes sind gleichermaßen gültige Aspekte von Alles-was-Ist und somit auch von Dir.

So ist es auf den zweiten Blick nicht mehr erstaunlich, dass es im Rahmen des Aufstiegs zur Erleuchtung ebenso bei der Leidenschaft zu einer Verschiebung kommt wie bei der Neugier. In gewisser Weise könnte man es so ausdrücken, dass die emotionale Qualität eine Anpassung erfährt.

Leidenschaft, ebenso wie Neugier, ist, was sie ist. Was aber so ist, kann nur dadurch Veränderung erfahren, dass die Wahrnehmung sich verschiebt. Leidenschaft ist genauso wenig gefährlich wie Neugier. Die erweiterten Parameter der neuen Dichte lassen dies sehr viel klarer erkennen. Wer das Wesen der Leidenschaft verstanden hat, dem wird der direkte Zusammenhang von Leidenschaft und Selbstliebe offenbar.

Es steht völlig außer Zweifel, dass die vertiefte Integration der Liebe zum Selbst eine wesentlich leidenschaftlichere Lebensart nach sich zieht. Leidenschaft ist der Rückenwind des menschlichen Lebens. Sie potenziert die Lebensenergie ohne die Forderung eines Kraftaufwandes, weil sie diese bündelt und fokussiert. Leidenschaft ist deshalb leicht, weil sie auf Integration beruht. Integration ist nur ein anderes Wort für Liebe. Was könnte schwer sein, wenn es auf Liebe beruht?

Selbstliebe impliziert die Anerkennung und Würdigung des Selbstwertes. Leidenschaft ist im Grunde und in Wahrheit nichts anderes als der freudig gelebte und geliebte Ausdruck des eigenen Soseins. Der beglückende Charakter von Leidenschaft und Hingabe bezeugt und beweist das Einssein mit dem Selbst.

Wir erinnern uns: Was glücklich macht, muss Wahrheit über Dich sein. Dies gilt für das Erkannte gleichermaßen wie für das Unerkannte, es sind gegenpolige Aspekte ein und desselben Prinzips. Das ›Prinzip Gott‹ schließt nichts aus. Die Leidenschaft ist dem Menschen immer unfehlbarer Wegweiser auf der Suche nach sich selbst. In dem, was in Dir Leidenschaft auslöst, bist Du ganz und gar Du selbst. Nie bist Du Dir selbst so dicht auf der Spur wie im Angesicht Deiner Leidenschaften. Die Hingabe an sie ist zwingend notwendiger Selbstausdruck für den, der an Leib und Psyche gesund bleiben will und sich nicht der Selbstverleugnung unterwirft.

In weiten Teilen Eurer jetzigen Gesellschaftsform ist die Selbstverleugnung und die einhergehende Unterdrückung der Leidenschaft zu einer erstrebenswerten Charakterstärke erklärt worden. Auf Existenzangst begründet, pervertiert Eure Wahrnehmung und so wird ein lebensfeindliches Prinzip wie das des Selbstverrats als lebenserhaltend und förderlich wahrgenommen und eingeordnet. Wer sich der Selbstverleugnung hingibt, huldigt dem, das ihn zerstört.

Liebe zum Selbst, die natürliche Anerkennung des Selbstwertes, fordert immer und ausnahmslos die Achtung vor dem Sosein und damit seine freudige Berücksichtigung. Immer dann, wenn Synchronizität zwischen der Selbstwahrnehmung und dem Handeln herrscht, ist der Mensch integer und somit glücklich. Leidenschaftliche Hingabe kann nur auf dem Boden der Integrität wachsen, denn niemand kann sich selbst und damit der Wahrheit über sich entfliehen und niemand kann sich selbst lieben, ohne es aktiv zu tun.

Doch genau das ist es, was der Mensch zu erreichen bemüht ist, der seine Leidenschaften zu seinem vermeintlichen Wohle zu verleugnen sucht. Gottes Gnade ist unermesslich und so kann Selbsterkenntnis niemals wirklich ausgehebelt werden, mag es auch noch so sehr danach aussehen. Die Energie der Leidenschaft wird sich immer in der einen oder anderen Weise Bahn brechen und sei es in Depression oder Krankheit.

Wo die Selbstverleugnung in aller Deutlichkeit als das enttarnt wird, was sie ist, wird das jetzige Misstrauen der Leidenschaft gegenüber sehr rasch schwinden und sie wird endlich vom Verdacht der Anmaßung befreit. Wo die Dinge den ihnen gebührenden Platz einnehmen, ist es selbstverständlich, sich seiner Leidenschaft hingebungsvoll zu widmen. Wo Liebe ist, kann auch Hingabe an das Selbst und somit an seine Inhalte nur als logische Konsequenz lebendigen Seinsausdruckes und nicht als Anmaßung eingeordnet werden. In Anerkennung der eigenen göttlichen Natur wird die Pervertierung der Wahrnehmung aufgehoben.

Im Angesicht Gottes kann nur Wahrheit sein, so wie im Angesicht der Angst nur Irrtum sein kann. In der Ehrung dessen, der Du bist, erkennst Du, dass die Verleugnung Deiner selbst die Anmaßung ist und nicht etwa die Hingabe daran. Deine Leidenschaft zeigt Dir immer und unfehlbar den für Dich richtigen Lebensweg. Deine Hingabe geht ihn.

»Die große Tat ist immer nur
ein Kind der unbedingten Hingabe.«
Theodor Fontane

# Liebe und Freundschaft

Meine liebe Freundin, mein lieber Freund, im Grunde und in Wahrheit ist die letzte notwendige und schöne Wahrnehmungskorrektur dieses Kapitels keine solche, sondern vielmehr Ursache und Auslöser all der anderen, wie auch deren Wirkung.

Immer und ausnahmslos steht die Liebe am Anfang der Dinge, denn was ohne Liebe ist, das ist ohne Ursache und kann somit nicht wirklich sein. Dort aber, wo die Liebe am Anfang der Dinge steht, da muss sie auch an deren Ende sein. Dies ist so, denn Liebe bezweckt sich selbst und Liebe bewirkt sich selbst. Sie kann nichts anderes und sie will nichts anderes. Wie sollte sie? Liebe ist vollkommen. Sofern sie überhaupt in Begrifflichkeiten gepackt werden kann, kommt es dem essenziellen Wesen der Liebe näher, sie kreis- oder schleifenförmig darzustellen als in einer linearen Anordnung, denn Liebe führt immer und unfehlbar zu sich selbst zurück.

Wie wir gesehen haben, vergrößert sich der Handlungsspielraum deutlich, und zwar in jeder Hinsicht und in alle Richtungen gleichzeitig, wenn die Liebeswahrnehmung eine Erweiterung erfährt. Die alles transformierende Kraft und Macht der Liebe kann unter irdischen Bedingungen bei Weitem nicht in vollem Umfang und noch nicht einmal ansatzweise begriffen werden. Liebe ist unvorstellbare göttliche Urgewalt. Sie ist schöpferische Urpotenz in größtmöglicher Aktivität. Im Grunde und in Wahrheit ist Liebe die einzig mögliche Form wirklicher Aktivität und somit gestalterischer Schaffenskraft.

Wie wir gesehen haben, kann alles, aber auch wirklich alles, was nicht auf Liebe gründet und von ihr verursacht ist, letztlich nur illusorischer Natur sein und ist somit vergänglich. Diese alles verändernde Kraft und Macht der Liebe ist es, die die Weichen für Erlösung stellt und sie ermöglicht.

Die Anziehung des Göttlichen auf sich selbst ist ewig unwiderstehlich. Die neuen Parameter, die Dir nunmehr zur Verfügung stehen werden, sind nichts anderes als die Erweiterung des Blickes auf die eigene göttliche Wirklichkeit. Diese neuen Parameter bilden den alles entscheidenden Maßstab für jede nur denkbare Form der Realitätsbildung.

Wie wir ausführlich in Band I *Des Menschen Wunsch und Gottes Wille* gesehen haben, steht und fällt der Mensch und seine gesamte Lebenserfahrung mit der Art und Qualität seines Blickes auf sich selbst. Dies kann und wird niemals anders sein. Wo die Qualität dieses Blickes eine Erlösung zur Liebe hin erfährt, kann es nur zu einer simultanen Heilung der Erfahrungsrealität kommen. Erlösung zur Liebe hin hat immer und ausnahmslos Heilung zur Folge.

Liebe ist und war immer schon das Maß aller Dinge. Es kann keinen anderen Maßstab geben, weil es im Grunde und in Wahrheit nur Liebe gibt. Es gibt hier und jetzt nicht weniger Liebe, als es nach dem Aufstieg zur Erleuchtung geben wird, würde dies doch bedeuten, dass es ›mehr oder weniger Gott‹ geben kann. Die göttliche Präsenz ist jederzeit und überall eine vollkommene und maximale. Dies war ewig so und wird ewig so sein, denn das Absolute kennt keine

Begrenzung des Seins. Wie wir gesehen haben, ist Erleuchtung eine Erweiterung der Wahrnehmung und nicht der Wirklichkeit. Die göttliche Wirklichkeit ist sowohl unwandelbar als auch in ewiger Ausdehnung begriffen. Die irdische Dualität verhindert Dein emotionales und intellektuelles Erfassen dieser göttlichen Tatsache. Für den Augenblick sei es genug, sie in den Raum zu stellen.

Weil die Liebe das Maß aller Dinge sein muss, ist es vollkommen logisch, dass auch ihre Erfahrung dort eine Ausdehnung erfährt, wo ihre Wahrnehmung erweitert wird. Wahrnehmung hat Erfahrung zur Folge, Wahrnehmung spiegelt sich in Erfahrung, Wahrnehmung ist Erfahrung. Mit anderen Worten: Je mehr Liebe Du wahrzunehmen in der Lage bist, je liebevoller Du auf und durch Dich selbst blickst, desto mehr Liebe wirst Du auch im Außen erfahren.

Dieser Schritt in Richtung unser aller göttlichen Heimat ist ein Quantensprung spiritueller menschlicher Entwicklung und wird Deine eigene Erfahrungsrealität wie auch die anderer Welten grundlegend und maßgeblich beeinflussen und verändern. Die neuen Parameter, denen immer und ausnahmslos eine Erweiterung der Liebeswahrnehmung vorausgeht, zeigen sich im Menschen als eine generelle Verschiebung der Bedeutung und des Stellenwertes von Liebe und Freundschaft. Es gibt sozusagen ein ›Coming-out‹ der Liebe in ungeahntem Ausmaß. Die feinstofflichere energetische Atmosphäre begünstigt die Selbstverständlichkeit der Liebe und damit auch die menschliche Identifikation mit ihr. Der irdische Prestigegewinn der Liebe wird endlich ein wirklicher und bleibt nicht länger leeres Lippenbekenntnis.

# 6. Teil

## Die Aufwertung der Liebe

# Die Aufwertung der Sanftmut

Mein lieber Freund, meine liebe Freundin, haben wir in unseren vorherigen Ausführungen über allgemeine göttliche Persönlichkeitsmerkmale gesprochen, so wird jetzt die Rede von ganz spezifischen Charaktereigenschaften sein, deren Zeit wahrlich gekommen ist. Die Zunahme ihrer Gewichtigkeit innerhalb Deiner menschlichen Persönlichkeit und damit auch die Zunahme ihres Einflusses in der Welt werden Dir, verglichen mit jetzigen Bedingungen, geradezu paradiesische Lebensumstände bescheren.

Selbstverständlich ist die Sanftmut, genau wie die anderen Attribute, nichts anderes als ein Wesensaspekt der Liebe. Alles und jedes, was sich segensreich und beglückend anfühlt und auswirkt, entstammt der Liebe und kann nichts anderes sein als sie selbst in einem ihrer zahllosen Gewänder.

Sanftmut ist Liebe in ihrer milden, weichen Umhüllung. Sanftmut ist emotionale Zärtlichkeit. Wo keine Sanftmut ist, kann sich auch keine wirkliche physische Zartheit entfalten. Die Sanftmut, die milde Zärtlichkeit des Herzens, ist der wohl augenfälligste Aspekt der Liebe und kann gar nicht hoch genug gewertet werden, auch und besonders in ihrer Bedeutung in Bezug auf das Selbst. Wo der Mensch seinem Selbst und damit seinem Sosein keine Sanftmut entgegenbringt, da ist emotionale Verhärtung und schließlich Verkümmerung unausweichlich. Nichts ist tragischer als ein Mensch, der sich selbst die Liebe verweigert. Die Sanftmut dem Selbst gegenüber zeigt immer und unfehlbar das Maß der liebenden Akzeptanz. Der Glaube an eine Möglichkeit von Selbstliebe bei gleichzeitiger Härte sich selbst gegenüber gehört zu den abstrusen Wahrnehmungsverzerrungen dieser Welt, die solche Fehlwahrnehmungen begünstigt.

Wie wir wiederholt festgestellt haben, kannst Du Dich nicht selbst lieben, ohne es zu tun. Die erweiterten Parameter Deiner neuen Selbstsicht bringen sozusagen das Licht ans Licht und so wird offensichtlich, was es schon immer war, wenn es mit den Augen der Liebe gesehen wird.

In der Welt, so wie sie sich Euch darstellt, weht wahrhaft ein rauer Wind, nicht einer ist unter Euch, der nicht ein Klagelied davon singen könnte. So Du immer noch glaubst, der Sprung in die Ungewissheit der Liebe sei ein Sprung ins kalte Wasser, dann sei Dir gesagt, dass es ein Sprung aus dem kalten Wasser heraus ist. Was glaubst Du denn, wo Du jetzt bist?

Was Du mit rasant anwachsender Klarheit zu erkennen beginnst, ist die Tatsache, dass Du der Welt niemals entgegenbringen kannst, was Du nicht für Dich selbst hegst. Du kannst nur geben, was Du hütest, und Du kannst nur hüten, was Du gibst. Diese fundamentalen Gesetze des Seins haben wir in Band I *Des Menschen Wunsch und Gottes Wille* ausführlich erforscht und beleuchtet. Wenn wir nun Dein machtvolles Augenmerk auf die Bedeutung der Sanftmut richten, dann deshalb, weil Du endlich reif bist für sie. Du hast es Dir verdient, nunmehr und für alle Zeiten milde und sanftmütig mit Dir selbst zu sein. Wie kann ein Teil von Alles-was-Ist sich etwas verdienen?

Nun, es gibt tatsächlich nur einen möglichen Weg, dies zu tun, nämlich indem dieser Teil erkennt und somit weiß, dass es so ist – mit anderen Worten, indem Du es willst. Es wird niemals mehr zu tun geben, um ein Anrecht auf was auch immer zu erhalten. Solange Du das nicht weißt, weißt Du nicht, wer Du bist.

Ein lebendiger, gültiger, integraler Aspekt des All-Einen muss sich nichts verdienen, denn als Teil von Alles-was-Ist hat er schon alles. Es gilt nicht, sich etwas zu verdienen, sondern vielmehr zu erkennen, dass man es schon hat. Es gibt im Grunde und in Wahrheit kein anderes Haben als die Erkenntnis, dass Du schon immer alles hattest. Alles andere, alles was Du nicht schon immer hattest, kannst Du auch jetzt und ewig nicht haben, denn es kann keinerlei Wirklichkeitsgehalt haben.

Illusionen kommen und gehen, Wirklichkeit ist und bleibt ewig. Die Sanftmut fördert diese Erkenntnis und das Unterscheidungsvermögen zwischen Illusion und Wirklichkeit in ungeahntem Maße. Sie ist ein machtvoller Katalysator für Wachstum und Selbsterkenntnis und damit für Gottnähe. Sanftmut ist deshalb so kraftvoll, weil sie praktizierte Selbstliebe ist. Sie ist angewandte Liebe.

So wie die physische Zärtlichkeit der materielle, praktizierte Ausdruck der Liebe ist, so ist die Sanftmut der geistige. Sie erhebt die postulierte Selbstliebe auf die Ebene gelebter, erfahrbarer Wirklichkeit. Die Sanftmut macht die Liebe zu einer formgebenden, heilsamen Wirklichkeit für die ganz persönliche Erfahrungswelt des Menschen. Sanftmut wendet die Dinge und Geschicke immer und unfehlbar zum Besseren, sie ist die schützende Sohle, die sicher und unversehrt über spitze Steine trägt. Dort, wo sanftmütige

Milde dem Selbst gegenüber als Schwäche verkannt wird, ist man nur allzu leicht blind für die Tatsache, dass nur der Sanftmütige eine heilsame und erlösende Energie über seine ganze Umgebung zu ergießen in der Lage ist. Ein wahrhaft sanftmütiger Mensch wirkt immer ausgleichend.

Sanftmut schützt vor Selbstverletzung. Was sich aber selbst nicht verletzt, das verletzt auch keinen anderen.

»Eine Flaumfeder kann einen
Kieselstein rund schleifen,
sofern sie von der Hand der
Liebe geführt wird.«
Hugo von Hofmannsthal

# Die Aufwertung der Geduld

Meine liebe Freundin, mein lieber Freund, das zweite Liebesattribut, dem wir uns zuwenden wollen, ist die Geduld. Wie bei der Sanftmut, so geht es auch hier um die Eigenschaft in Bezug auf das eigene Sosein. Jegliche Herausforderung kann immer nur in der Beziehung zum Selbst liegen, mag es auch noch so wenig danach aussehen, und gerade die Geduld bedeutet für die meisten von Euch eine ganz besonders schwierige Herausforderung.

Geradeso wie die Sanftmut, so bietet auch die Geduld immer und ausnahmslos einen sicheren Maßstab für die Liebe zum Selbst. So wie die Sanftmut der milde Überzug der Liebe ist, so ist die Geduld ihr ewiger, göttlicher Atem. Geduld macht Liebe im wahrsten Sinne des Wortes zeitlos.

In dieser Eigenschaft liegt die Heiligkeit der Geduld begründet: Sie entspricht der Wirklichkeit der Liebe, die ewig außerhalb von Raum und Zeit existiert und mit dem einschränkenden Konzept der Zeit nichts anzufangen weiß. Die Geduld ist die Anerkennung der Liebe als übergeordnete Wahrheit und steht ihr deshalb so nahe, sie ist nichts als die konsequente Logik der Liebe, denn sie ergibt sich ganz natürlich aus ihr. Liebe ist jetzt oder sie ist gar nicht. Dort aber, wo sie ist, da ist Akzeptanz des Soseins. Weil Liebe den Status quo niemals angreift, ist Geduld ihr natürliches Attribut. Wer sich selbst liebt, so wie er ist, wer seinen Wert anerkennt und sich selbst die Ehre erweist, der stellt sich selbst mit Sicherheit über jedwede Forderung innerhalb von Raum und Zeit. Wer sich selbst Achtung zollt, der wird sich genau die Zeit für die selbstgewählten Entwicklungen und Wandlungen seines Soseins zugestehen, die diese Veränderungen in Anspruch nehmen wollen. Und so ist Geduld schließlich nichts anderes als ein anderes Wort für Respekt.

Geduld ist sowohl Respekt vor der eigenen Menschlichkeit als auch vor der eigenen Göttlichkeit. Dies ist deshalb so, weil Du Deinen eigenen göttlichen Plan für Dich nicht kennst. Wer die ewige Vollkommenheit von Alles-was-Ist anerkennt, der ist sich im Klaren darüber, dass er in seiner menschlichen Persönlichkeit niemals ermessen kann, was das Göttliche in ihm zum Ausdruck bringen will. Wogegen also sollte er ankämpfen, denn Ungeduld ist eine Form des Angriffs gegen sich selbst. Ungeduld greift die Wahrnehmung Deiner göttlichen Vollkommenheit an, weil sie sie infrage stellt. Dies ist gleichermaßen Erklärung für die Tatsache, dass Geduld ein Wesenszug ist, der der eigenen Göttlichkeit Respekt zollt.

Ungeduld kommt aus den Illusionen des Ego, das es in seinem Machtwahn besser wissen will. Geduld jedoch ist die Verneigung des Menschlichen vor der Weisheit des Göttlichen und die Verneigung des Göttlichen vor dem Mut des Menschlichen. Der Schlüssel zur Geduld liegt weitaus mehr in der liebenden Anerkennung des eigenen Soseins begründet als in der Akzeptanz des Wesens der Zeit. Tatsächlich ist entgegen allem Anschein bei der Ungeduld nicht der Zeitfaktor das Problem, sondern der Mangel an Liebe zum Selbst. Zeit ist nie wirklich von Bedeutung. Sowie Liebe ist, spielt Zeit keine Rolle, denn wo Liebe ist, da ist augenblicklich alles in Ordnung. Sowie Liebe ist, ist alles in jeder nur denkbaren Ordnung. Dies impliziert auch die Zeitordnung.

Da Liebe die Uressenz des Göttlichen ist, ›Gott in Reinform‹, ist sie ewig im Zentrum des immerwährenden Jetzt. Liebe kann nichts wollen, was nicht ›jetzt‹ ist, also kann sie nichts ändern wollen. Liebe kann überhaupt nichts wollen, Liebe kann nur sein. Und so tritt hier ganz und gar deutlich zutage: In ihrer höchsten und schönsten Form macht die Liebe schlussendlich sogar das Konzept der Duldsamkeit selbst zu einer unsinnigen Idee, denn wo vollkommene Liebe ist, da gibt es keine Forderung nach Veränderung. Wo die Forderung sich in nichts auflöst, da kann es auch nicht länger Ungeduld geben, denn was bliebe ihr einzuklagen? Wo Liebe ist, da ist nichts als Liebe. Weil sie alles ist, kann es keinen Raum neben ihr geben für irgendetwas, was nicht Liebe wäre.

Wie wir zu Beginn unserer Betrachtung gesehen haben, ist die Geduld nichts anderes als ein Wesensaspekt, eine Eigenschaft der Liebe. Wer die Geduld also erkennt als das liebevolle So-sein-Lassen, das sie ist, der hat sie in ihrer tiefsten Eigenart als das erspürt, was sie ist: einfach nur Liebe. Geduld ist ›Liebe ohne Wenn und Aber‹.

Geduld ist nicht etwa die Akzeptanz des Soseins im Sinne einer Duldung aus Ermangelung einer besseren Alternative. Geduld ist das So-haben-Wollen. Das ist ein weiterer Aspekt, der den mit sich selbst geduldigen Menschen in die Gottnähe seines Höheren Selbst rückt. Sie lässt die Autorität dort, wo sie wirklich ist und erkannt sein will, bei Gott. Die Dinge und sich selbst so haben wollen, wie sie sind, nimmt dem Ego jeden Wind aus den Segeln und überträgt dem Göttlichen in Dir augenblicklich den Handlungsspielraum, den es braucht, um die Zeit zu Deinem unmittelbaren Segen zu nutzen. Und dazu brauchst Du keine Geduld.

# Die Aufwertung des Verständnisses

Mein lieber Freund, meine liebe Freundin, Verständnis ist im wahrsten Sinne des Wortes die sanfte, liebende Umarmung Gottes. Immer dann, wenn ein Mensch sich selbst Verständnis entgegenbringt, umarmt das Göttliche in ihm seine Menschlichkeit. Unnachgiebige Härte, Verurteilung und Ablehnung sind immer und ausnahmslos aus dem Ego, Gott ›weiß nicht‹ von diesen Dingen.

Wenn wir uns dem Konzept von Verständnis annähern wollen, müssen wir uns erneut an der Liebe orientieren. Liebe ist die Wahrnehmung von Vollkommenheit. Liebe ist die heilige Selbstwahrnehmung Gottes. Liebe ist immer da und dort, wo Gott direkt und ungehindert auf sich selbst blickt. Sowie des Menschen Ego sich dem Blick des Göttlichen nicht in den Weg stellt, ist Liebe.

Wir beginnen schon zu verstehen, wieso das Verständnis als Wesenszug der Liebe so nahesteht. Wie die Sanftmut und ja, sogar die Geduld, so ist auch das Verständnis Liebe in rühriger, geistiger Handlung. Selbst und gerade dort, wo die Liebe passiv erscheint – und das tut sie oft –, ist sie in höchstem Maße aktiv. Liebe ist im Grunde und in Wahrheit die einzig mögliche Form wirklicher Handlung, sie ist Aktion auf höchstmöglicher Ebene.

Wie wir gesehen haben, ist Liebe die Wahrnehmung von Vollkommenheit. Verständnis steht ihr deshalb direkt zur

Seite, weil es die Unversehrtheit des Menschen anerkennt und somit seine grundsätzliche Vollkommenheit. Verständnis bestätigt den Blick der Liebe. Mit anderen Worten: Verständnis gibt Gott recht. Verständnis ist, wie jeder andere Liebesaspekt, göttlich inspiriert und kann somit nur Gottnähe zur Folge haben. Was könnte weiser sein, als sich der unfehlbaren göttlichen Meinung anzuschließen? Nichts anderes tut der Mensch, der sich selbst und damit auch seinen Mitmenschen mit liebevollem Verständnis entgegentritt.

Wie wir gesehen haben, ist Verständnis die Anerkennung und damit die Wahrnehmung der grundsätzlichen Unversehrtheit von Alles-was-Ist in jeder seiner Ausdrucksformen. Dieser Blick impliziert auch den Menschen selbst und seinesgleichen, ist er sich doch selbst allzeit das Maß aller Dinge. Die grundlegende Unversehrtheit zeigt sich dem Betrachter in seinem annehmenden Verstehen der Übereinstimmung der Handlungen eines jeden Menschen mit seiner Selbstwahrnehmung. Mit anderen Worten: Verständnis fußt auf der weisen Einsicht, dass ein jeder Mensch immer authentisch ist, weil er gar nicht anders kann.

Wie wir zu betonen nimmer müde werden, kann niemand jemals sich selbst entfliehen. In seiner unermesslichen Liebe hat Gott-Selbst es so gefügt, dass dies allzeit völlig unmöglich bleibt. Diese größte aller himmlischen Gnaden sichert die göttliche Identität seiner ganzen Schöpfung und macht ein Scheitern der Selbsterkenntnis unmöglich. Weil aber niemand sich selbst aus dem Weg gehen kann, also die Wahl hat, nicht er selbst zu sein, ist die Vorenthaltung von liebevollem Verständnis schlussendlich absurd. Letztlich ist liebevolles, einfühlsames Verständnis deshalb ein heiliges Liebesattribut, weil es auf dieser Erkenntnis der Unversehrtheit beruht. Dies bedeutet nichts weniger, als dass der Verständnisvolle auf sehr tiefer Ebene die unantastbare göttliche Vollkommenheit begreift, die sich selbst ewig gleich bleibt.

Der Mensch ist, war und bleibt ewig so vollkommen, wie Gott ihn schuf. Der Verständnisvolle weiß das, mehr noch, er lebt es. Der Verständnisvolle weiß, dass die mangelhafte Wahrnehmung dieser Wahrheit die Wirklichkeit als solche weder beeinflussen noch bedrohen kann. Die gottgegebene Unschuld kann nicht durch den wahnhaften Egoglauben an Schuld und Trennung ausgehebelt werden. In diesem Zusammenhang erinnern wir uns an das Credo des wundervollen *Kurs in Wundern* »Nichts Wirkliches kann bedroht werden.«

Verständnis ist ein Attribut der Liebe. Da die Liebe niemals irren kann, können es auch ihre Attribute nicht. Wer sich den ›Argumenten‹ der Liebe anschließt, der ist immer auf der sicheren Seite der Wirklichkeit. Es ist uns sehr wohl bewusst, dass die Argumente der Welt, die Argumente der Trennung und somit der Angst sind, in krassem Gegensatz zur Liebesargumentation stehen. Der Mensch, der sich in und vor der Welt zur Liebe und zum göttlichen Blick auf den Menschen bekennt, beweist nach wie vor erstaunlich viel Mut. Wo die Liebe vermehrt in ihrem Wirklichkeitsgehalt erkannt wird, muss sich dieses Erkennen auch auf ihre Attribute ausdehnen.

# Die Aufwertung der Güte

Meine liebe Freundin, mein lieber Freund, als letztem Aspekt der Liebe wenden wir uns nunmehr der Güte zu. Die Reihenfolge unserer Aufzählung will keiner Wertehierarchie Ausdruck verleihen, denn die verschiedenen Attribute der Liebe stehen ganz natürlich gleichberechtigt, gleich gültig und gleichwertig nebeneinander.

Wie der *Kurs in Wundern* lehrt, sind »alle Äußerungen der Liebe maximal«. Niemals ist ein Liebesausdruck größer oder geringer als ein anderer. Wo Liebe ist, da kann sie nur vollständig sein oder aber gar nicht. Liebe ist nicht teilbar. Sie gibt sich immer ganz und gar hinweg und bleibt dennoch ganz und gar bei sich selbst. Liebe ist unendlich, unerschöpflich, unermesslich, unermüdlich, unteilbar, untrennbar, unzerstörbar, unbesiegbar.

Liebe ist Gott – Gott ist Liebe. Liebe ist gänzlich offenbar und dennoch gänzlich Geheimnis. Liebe ist der Stoff, aus dem alles gemacht ist, was jemals nach ihr fragen kann, und dennoch das größtmögliche aller Mysterien. Sie genügt sich selbst vollkommen und ist dennoch in ewiger Ausdehnung begriffen. Liebe ist wahrhaft wunderbar, denn sie ist selbst das Wunder. Sie ist die ewige Faszination des Göttlichen von sich selbst, der Kniefall des Schöpfers vor seinem eigenen Spiegelbild. Liebe ist die Wahrnehmung von Vollkommenheit, Liebe ist die heilige Selbstwahrnehmung

Gottes. Wo Liebe das göttliche Instrument ist, das die Melodie des Lebens selbst hervorbringt, da ist die Güte ihr süßer Klang.

Wir haben die Sanftmut an den Anfang dieser Viereraufzählung gestellt und beenden sie mit der Güte, weil beiden Liebesattributen eine sehr ähnlich geartete Energie anhängt. So hüllen wir Dich in diesem Kapitel sozusagen ein in das spezifische energetische Schwingungsfeld, das der Erleuchtung eigen ist. Die Ähnlichkeit der Energien wird in der Milde deutlich spürbar, die beide Liebesaspekte gleichermaßen charakterisiert. So könnte man die Hauptbestrebung der Güte auch als eine immerwährende zartfühlende Sorgfalt bezeichnen. Das nimmermüde Streben der Güte nach Selbstausdruck speist sich aus der Freude der Liebe an sich selbst. Die Güte ist die Freude der Liebe an sich selbst in ihrer leisen, friedvollen Erscheinungsform. Dies macht sie jedoch nicht minder leidenschaftlich, denn ausnahmslos alles, was auf Liebe basiert und von ihr gespeist wird, ist leidenschaftlich.

Jede Regung des Herzens, die der Liebe entspringt, kommt von Gott selbst und wo Er ist, da ist das Leben selbst. Es mag Dich erstaunen, dass Güte im Grunde und in Wahrheit weniger ein Synonym für Gutsein ist, als vielmehr ein anderes Wort für Wahrsein. Güte ist sozusagen die Frucht am Baume der Wahrhaftigkeit, weil sie nur dann sie selbst ist, wenn sie der Wahrhaftigkeit entspringt. Wahre Güte zielt immer auf das Selbst. Als ein Attribut der Liebe kann sie jedoch nur segensreich für alles und jeden sein. So zielt die Güte immer auf das Selbst und trifft dennoch alles in ihrem Wirkungsbereich. Das Konzept der Güte ist nur deshalb bei so vielen unter Euch mit einem Gefühl der Beklemmung besetzt, weil Ihr sie mit Selbstverleugnung und Selbstaufgabe assoziiert. Doch Liebe und Opfer sind zwei Konzepte, die sich widersprechen. Wenn Güte Opfer bringt, dann ist sie keine. Güte opfert nicht, Güte schenkt.

Wir erinnern uns: Die Güte speist sich aus der Freude der Liebe an sich selbst. Die Liebe aber kennt nur eine Freude und das ist ihre Hingabe, ihre Ausdehnung. Nichts ist weiter entfernt vom Opferkonzept. Wo könnte die Güte angemessener und notwendiger sein als in Bezug zum Selbst?

Wer im Umgang mit sich selbst wahrhaftig ist, der kann sich selbst gütig an die Hand nehmen und durchs Leben führen, ja mehr noch, hier ist die Güte die unvermeidliche Folge. Der wahrhaftige Mensch bleibt sich selbst nichts schuldig, denn was könnte es für den Menschen mehr zu suchen und zu finden geben als Wahrheit über sich selbst.

Diese Authentizität kann nur Güte nach sich ziehen, denn es bleibt nichts, was sich ihr hinderlich in den Weg stellen könnte. Es ist völlig unmöglich, dass ein bewusstes Wesen sich selbst in Güte begegnet, ohne sie auf seine Umgebung auszuweiten. Als ein gültiges, aktives, leidenschaftliches Attribut der Liebe will auch die Güte sich ausdehnend über alles ergießen, was in ihren Wirkungskreis findet. Begnadet der, dem ein gütiger Mensch begegnet, doch gesegnet, wer ein gütiger Mensch ist.

»Welche Weisheit kannst du finden,
die größer ist als Güte?«
Jean-Jacques Rousseau

# 7. Teil

## Die Bedeutung der Stimmigkeit von Ort und Zeit

# Die Bedeutung der inneren Synchronizität

Mein lieber Freund, meine liebe Freundin, was ist Synchronizität? Wir werden sie im Folgenden als die Übereinstimmung Deiner subjektiven Erdenzeit, die Du jedoch als eine sehr objektive wahrnimmst, mit der ›wirklichen‹ Zeit definieren. Dies bedarf jedoch einer gewissen Erklärung.

Wenn wir vom Begriff ›Zeit‹ sprechen, dann ist die Rede schlussendlich immer von einer Illusion. Insofern ist auch der Begriff ›wirkliche Zeit‹ nicht korrekt und stellt lediglich eine Annäherung an die Wirklichkeitsverhältnisse dar, soweit sie innerhalb Eures Raum-Zeit-Kontextes überhaupt sinnvoll zu erklären sind. Es ist Dir sicherlich klar, dass wir vom immerwährenden Jetzt reden, wenn wir von ›wirklicher‹ Zeit sprechen, vom ewigen Augenblick. Letztendlich ist auch dieses Zeitkonzept sinnlos, so sinnlos wie jedes andere, da das Zeitkonzept als solches sinnlos ist.

Die Wahrnehmung von Zeit ist im Grunde und in Wahrheit nichts anderes als die Wahrnehmung von Sein unter hochspezifischen Bedingungen. Die Selbstwahrnehmung ist in entscheidender Weise dafür verantwortlich, wie Zeit wahrgenommen und somit empfunden wird. Ein Baum empfindet keine Langeweile an seinem Dasein als Baum. Innerhalb des Wirklichkeitsrahmens des Baumes ist die Zeit für ihn synchron mit seiner Selbstwahrnehmung. Nun, die

›wirkliche‹ Zeit, der immerwährende Augenblick, ist keine Zeit, denn wäre sie ein ›Augenblick‹, dann würde das implizit bedeuten, dass er vom jeweils nächsten gefolgt wird. Eine Aneinanderreihung von Augenblicken also und schon sind wir wieder in einer linearen Abfolge und damit bei dem Konzept, von dem wir uns ja gerade zu entfernen suchen.

Diese der göttlichen Wirklichkeit des Seins näherstehende ›echte‹ Zeit ist am besten in Kreisform darzustellen. Das Jetzt fokussiert den Menschen auf sein eigenes Sein. Es ist unmöglich, im Jetzt zu sein und dennoch nicht bei sich selbst. Das Jetzt ist die Schnittstelle zwischen Zeit und Ewigkeit. Es ist der Punkt, an dem die Illusion die Wirklichkeit berührt, deshalb ist es so machtvoll. Im Jetzt löst sich die Zeit in die Zeitlosigkeit auf. Wo das alte Zeitkonzept, das bei Licht betrachtet ein Seinskonzept ist, ein lineares war, da wechselt der im Jetzt lebende Mensch in ein kreisförmiges.

Das Verzwickte an der Sache ist, dass Zeit für Dich ohne die Vorstellung von Bewegung nicht denkbar ist, was sich wiederum zwingend aus dem Raum ergibt, in dessen Wahrnehmung Du gefangen bist. Mit anderen Worten: Du kannst Dir Existenz ohne dieses Bewegung-im-Raum-Gesetz nicht vorstellen. Die Unabhängigkeit des Göttlichen von Zeit und Raum ist für Dich nicht nachvollziehbar.

Gott ist aktiv, handelnd, bewegend, wahrnehmend, erschaffend, ausdehnend und seiend. Wenn wir uns völlig korrekt ausdrücken wollen, dann müssen wir die ›wirkliche Zeit‹, die es wie gesagt gar nicht gibt, als wirkliches Sein bezeichnen, völlig von jedem Zeitbegriff losgelöst betrachten und weder linear noch kreisförmig, sondern als einen Punkt darstellen. Wenn wir diesen Punkt jetzt nach allen

Seiten bis in die alles umfassende und füllende Unendlichkeit ausdehnen, dann haben wir eine Vorstellung davon, dass es unmöglich ist, sich von der Unermesslichkeit des Göttlichen eine Vorstellung zu machen. Die Wirklichkeit des Seins ist also weder Linie noch Kreis, sondern Punkt. Punktum. *(Anm. der Verfasserin: Scherzhaft gesagt).*

Du magst Dich fragen, warum wir Dir dieses ›punktförmige Zeitlosigkeitskonzept‹ näherzubringen versuchen, wenn wir doch betonen, dass dessen Wirklichkeit innerhalb Eurer Dimension unmöglich nachvollziehbar ist. Wir tun dies, weil der nach Erleuchtung strebende Mensch vor dem Wechsel von der linearen zur kreisförmigen Wahrnehmung steht. Dieser Schritt von A nach B wird Dir umso leichter fallen, wenn Dir bewusst ist, dass es ein C gibt. Es ist wichtig, die Dinge an ihren richtigen Platz zu stellen und dort zu sehen, wo sie hingehören. Es gibt keiner Weisheit letzter Schluss, denn das Göttliche ist unendlich und unbegrenzt und so muss es auch seine Weisheit sein.

Das Verständnis von der illusionären Natur der Zeit wird es deutlich spürbar vereinfachen, der Forderung nach einem Sein im Jetzt Folge zu leisten. Dies ist unmittelbar an die Ausdehnung der Selbstliebe geknüpft. Wer sich selbst liebt, muss weder nach vorne noch nach hinten flüchten. Das Leben in der Vergangenheit ist genauso sehr Distanzierung vom Selbst wie die Lenkung des Bewusstseins in eine fiktive Zukunft. Wer sich selbst liebt, wünscht und genießt seine eigene Anwesenheit. Nur im Jetzt bist Du ganz bei Dir selbst. Die Anbindung an das Selbst ist in dieser unmittelbaren Weise nur im Jetzt möglich. Die ›Streuung‹ des Bewusstseins in Vergangenheit und Zukunft bewirkt eine tragische Verwässerung der Beziehung zu sich selbst. Diese

Distanzierung begünstigt die Entfremdung vom Selbst und damit auch den Mangel an Selbstliebe, denn was sich nicht erkennt, kann sich auch nicht lieben.

Das Leben im Jetzt, die Konzentration auf den Augenblick, wirkt sich also gleichermaßen in beide Richtungen aus. Es entspringt einerseits der Selbstliebe und führt andererseits wieder zu ihr zurück. Immer und ausnahmslos ist es so: Wo Liebe die Ursache ist, da muss auch Liebe die Wirkung sein. Der Aufstieg in die Erleuchtung wird die Logik des Seins im Jetzt in ihrer ganzen Tragweite vor Augen führen. Es gibt keine andere ›Zeit‹ und somit kann es auch keinen anderen Kraftpunkt geben, von dem aus Erfahrungsbildung möglich ist. In Vergangenheit und Zukunft ist Erfahrung denkbar, aber nur im Jetzt ist Erfahrung machbar.

Hast Du jemals irgendetwas zu einer anderen Zeit erfahren als in dem Augenblick, als es so gewesen ist? Die Frage mag erst einmal absurd klingen und dennoch ist es genau das, was Du zu tun versuchst, wenn Du nicht im Jetzt bist. Der Fokus auf das Jetzt befreit den Menschen von einer geradezu ungeheuerlichen Last, denn er nimmt die Last der Illusion. Sowie Du im Jetzt bist, steigerst Du das Empfinden Deiner selbst. Die Sensibilisierung für das eigene Sein ist nie so mächtig wie im Jetzt.

Wie wir gesehen haben, kommt diese Fokussierung im immerwährenden Augenblick einer massiven Bündelung der Lebensenergie gleich. Das Sichbesinnen auf das Jetzt kommt einer energetischen Heimkehr zu sich selbst gleich, einer Rückkehr in das innere Zuhause. Was in sich selbst gesammelt ist, kann seine Bewusstseinsmacht zielgenau einsetzen, sozusagen ohne Streuungsverluste. Das ist es, was die Sensibilisierung für das eigene Sein so kraftvoll macht. So wie Du Dein Dasein nur im Jetzt real wahrnehmen kannst, so kannst Du ebenso nur im Jetzt fühlen. Die emotionalen Ladungen der Erinnerungen an die Vergangenheit sind ebenso nur im Jetzt real wie die Befürchtungen und Hoffnungen, die Du in die Zukunft verlagerst. Du kannst nur im Jetzt sein, weil es nichts anderes gibt.

Ebenso wie Vergangenheit ist Zukunft nichts anderes als das Wissen um die Ewigkeit des Augenblicks. Die Ewigkeit hat keine Richtung, Ewigkeit ist. Sowie Du Dich im Jetzt zentrierst und die Dich begrenzenden Erinnerungen der Vergangenheit ebenso loslassen willst wie die Ängste und Befürchtungen der Zukunft, machst Du Dir selbst ein überwältigendes Geschenk, Du schenkst Dir Zeit! So widersprüchlich es sich auch anhören mag, Du schenkst Dir Lebenszeit! Größeres kannst Du Dir kaum geben.

Diese Verstärkung der bewussten Wahrnehmung Deiner selbst und Deiner Lebensenergie wird Deine Lebensqualität maßgeblich beeinflussen und um ein Vielfaches steigern. Wenn Du im Jetzt bist, dann bist Du immer mit Dir selbst im Reinen, denn hier bist Du mit Deinem Sein in Synchronizität. Du hast weder Alt- noch Neulasten, im Jetzt gibt es nichts als Dich selbst. Wenn Du im Jetzt bist, folgen Dir Vergangenheit und Zukunft, ohne dass Du sie tragen musst. Das ist der entscheidende Unterschied – sie laufen Dir sozusagen von selbst hinterher. Die Erfahrungen der Vergangenheit sind ebenso Teil von Dir wie Deine Zukunftsvisionen, sie können Dir nicht verloren gehen, doch wenn Du im Jetzt bist, sind sie keine belastende Bürde, sondern rhythmusgebende Begleitmusik Deines Lebens.

# Die Bedeutung der räumlichen Stimmigkeit

Meine liebe Freundin, mein lieber Freund, die nächste Anpassung, die für Dich vorzunehmen ist, beginnt mit der Einsicht in die Bedeutung der räumlichen Stimmigkeit für Dein Leben.

Die Übereinstimmung zwischen dem, was Du bist, und dort, wo Du bist, wird in ihrer Bedeutung oftmals drastisch unterschätzt. Deine derzeitigen ›grob‹ eingestellten Selbstliebeparameter vereiteln oftmals die notwendige Sensibilität und Konsequenz im Umgang mit Dir selbst und mit der Forderung nach dem eigenen Lebensglück und seiner Umsetzung. Da der Mensch an Raum und Zeit gebunden ist, ist die Stimmigkeit des Raumes, in dem er sich bewegt, neben der Einstimmung auf ›Jetztzeit‹ der zweite wichtige Aspekt, wenn es um das Zentriertsein, um die Konzentration des Selbst im Selbst geht.

Ihr alle wisst davon aus eigener Erfahrung und kennt das Gefühl des Wohlbefindens, wenn Ihr an einem Ort seid, den Ihr liebt. Diese Liebe für einen bestimmten Platz ist eine Frage der Resonanz. Resonanz ist immer und ausnahmslos eine Frage des Wiedererkennens: Liebe ist Resonanz und Resonanz ist Liebe. Liebe ist das Echo des Selbst, die Antwort auf die Frage Gottes nach seinem eigenen Sein. *(Anm. der Verfasserin: An dieser Stelle legt Regulus einen Augenblick sprachloser Ehrerbietung ein, eine Art meditativer, anbetender Verneigung, wie er es immer dann tut, wenn von der höchst denkbaren Ausdrucksform des Göttlichen, von der reinen Liebe, die Rede ist.)*

Diese räumliche Stimmigkeit hat wesentlich weitreichendere Auswirkungen für das Leben des Menschen als die bloße Steigerung der bewusst erfahrenen Lebensqualität. Sie ermöglicht eine mächtige Potenzierung der schöpferischen Kräfte. Ebenso wie bei der Bündelung des Bewusstseins in der Jetztzeit wirkt die Konzentration des Selbst im Selbst durch räumliche Resonanz wie ein energetisches Brennglas. Bündelung ist immer und ausnahmslos Potenzierung, also Machtzuwachs, und zwar deshalb, weil sie Wahrheit ist. Bündelung ist Fusion und Fusion heilt Illusion.

Bündelung heilt die Illusion des Getrenntseins von Alles-was-Ist und kann sich immer nur segensreich und kraftspendend auswirken. In diesem Falle der räumlichen Resonanz handelt es sich um die energetische Fusion des Selbst mit den gleichartigen Energien der Außenwelt. Da immer nur gleichgeartete Energien in Verbindung treten können, setzt die Fusion die Resonanz voraus. Mit anderen Worten: Du kannst Dich nur an einem Ort wohlfühlen, den Du liebst, und Du kannst nur Orte lieben, die Dir entsprechen und mit Deinem Sosein stimmig sind. Dann ist alles in Ordnung, denn es ist das gegeben, was wir als ›räumliche Synchronizität‹ bezeichnen.

Da Du auf Deinem Weg ins Licht ganz selbstverständlich sehr viel mehr bewussten Gebrauch von Deinem schöpferischen Potenzial machen willst, kannst und auch wirst, ist dieses Dort-sein-wo-man-sein-Will sowohl Voraussetzung als auch logische Konsequenz. In diesen dritten Botschaften geht es im Grunde und in Wahrheit um nichts anderes als um Deine bewusste, willentliche und freudige Machtergreifung, die mit der Erleuchtung einhergeht. Wie wir gesehen haben, ist das Machtpotenzial immer und ausnahmslos an die Ausprägung des Liebesbewusstseins gekoppelt und von ihr abhängig. Der Umfang der Möglichkeiten, innerhalb deren schöpferisches Potenzial angewandt und genutzt werden kann, ist immer eine Frage der Liebe, weil Liebe die Uressenz des Göttlichen und damit auch aller Kreativität ist.

Diese zweite Anpassung, wie auch die erste, ist deshalb so wichtig, weil sie in direktem Zusammenhang mit der Erkenntnis Deiner göttlichen Natur steht. Das Gewahrsein der Wirklichkeit Deiner Identität ist ohne die Anerkennung dieser beiden Aspekte und ihrer aktiven Umsetzung im täglichen Erdenleben unvollständig. Wie Du der Wirklichkeit von Alles-was-Ist innerhalb der Materie zeitlich kaum näherkommen kannst als in der Zentrierung im Jetzt, so ist auch die ›räumliche Annäherung‹ an das Göttliche dort am deutlichsten spürbar, wo Du in Liebe mit Deiner Umgebung verschmilzt und Dich eins fühlst mit ihr.

Es ist Dir sicherlich klar, dass wir immer nur in gewissen Vorstellungsbildern reden können, wenn wir uns in den Konzepten von Zeit und Raum bewegen, da diese Konzepte im Grunde fiktiver Natur und somit nur bedingt aus Deiner Erlebensform auf eine geistige Wirklichkeitsebene übertragbar sind. Zusammenfassend für die beiden letzten Prinzipien könnte man also sagen, dass Du Deiner Wirklichkeit in der irdischen Dimension niemals näherkommen kannst als in der Vermählung der Liebe mit dem Jetzt. Nie bist Du Gott so nahe, als wenn Du im Jetzt in Liebe bist.

# 8. Teil

## Die Aussöhnung mit dem Selbst

# Die Aussöhnung mit dem eigenen Sosein

Mein lieber Freund, meine liebe Freundin, wie Dir kaum entgangen sein dürfte, gilt auch in diesen Botschaften all unsere Aufmerksamkeit der Erforschung der Liebe. Wer sich fragt, was diese Analyse der Liebe in all ihren Aspekten und Auswirkungen mit dem Weg zur Erleuchtung zu tun hat, der hat nicht begriffen, was Erleuchtung ist. Der Weg der Erleuchtung ist ein Erlösungsweg, er ist eine geistige Angelegenheit, eine Sache des Bewusstseins, der sich entscheidend auf Deine Wahrnehmungsweise und Erlebensfähigkeit innerhalb der Materie auswirkt.

Nun, schlussendlich ist das mit allem so, alles Sein kann nur von geistiger Ursache ausgehen, doch nie zuvor war dies so offensichtlich. Wo, wenn nicht in der Liebe, ist ein vergleichbarer Entwicklungsschub möglich?

Dieser Aufstieg des Bewusstseins – denn das ist Erleuchtung – ist die direkte und unvermeidliche Wirkung der Liebesursache. Er ist die Wirkung der durch Dich selbst gesetzten Liebesursache. Es geht beim sogenannten Aufstieg nicht um etwas, das von außen über Dich kommt, es ist nichts, das Dir geschieht. Niemals ist irgendetwas von außen über Dich gekommen, das ist die Illusion derer, die nicht wissen, wer und was sie sind.

Wenn wir in unseren Schriften also die Liebe erforschen, dann erkunden wir sowohl die Ursache als auch die Wirkung des Aufstiegs. Alles andere, was gesagt werden kann, kann nur unwesentliches Beiwerk sein, so wie alles im Angesicht der Liebe zwangsläufig zum Unwesentlichen und Nebensächlichen werden muss.

Die Zeit der blinden Flecken und toten Winkel in Deinem Schöpferpotenzial ist mit dem Aufstieg endgültig beendet. Es ist von grundlegender Bedeutung, dass Du weißt, was Du tust und wie Du es tust. Im Bewusstsein der Liebe, und nur hier, bist Du endlich bei vollem Bewusstsein. Es geht uns also im Grunde und in Wahrheit um die Sensibilisierung für Dich selbst und die Wahrheit über Dich. Je bewusster Du bist, desto größer Dein Machtpotenzial.

Die Begriffe Liebe, Macht und Bewusstsein bezeichnen ein und dasselbe, je tiefer dies erkannt ist, desto höher Deine Schwingungsfrequenz. Wenn Du dies begriffen hast, dann hast Du verstanden, was wir hier tun. Wenn wir gemeinsam Dein Bewusstsein für Deine göttliche Liebesnatur schärfen, dann erforschst Du nicht etwa den Aufstieg, Du erschaffst ihn. Du bist nicht der unbeteiligte Beobachter der Ereignisse um Deine Person, Du bist ihr Macher. So lenken wir unsere Aufmerksamkeit also nunmehr auf die verschiedenen Aspekte der Liebe zum Selbst.

Wo es uns in den vorherigen Ausführungen eher um die Äußerungen der Liebe geht, um ihre Wirkungen, da geht es uns jetzt sozusagen mehr um ihre Verinnerlichungen, um die unmittelbare, direkte Berührung des liebenden Selbst mit dem geliebten Selbst. Wenden wir uns an erster Stelle der Selbstgenügsamkeit zu.

Da ist wohl kaum ein Mensch, der sich selbst nicht in Zwiespältigkeit gegenübersteht, wenn es um die Selbstgenügsamkeit geht. Das Sich-selbst-genug-Sein ist einer der

›göttlichsten‹ Aspekte der Liebe *(Anm. der Verfasserin: Scherzhaft gesagt).* Diese Äußerung kann natürlich nur in einem übertragenen, bildlichen Sinne zu verstehen sein, denn jeder Aspekt der Liebe kann nur ganz und gar göttlich sein. Weil das Göttliche in der Absolutheit seiner Einheit nicht teilbar ist, kann es kein Mehr-oder-weniger-Göttlich geben. Kein einziger Tropfen im göttlichen Ozean der Liebe kann einer anderen Quelle entspringen.

Wenn wir also sagen, dass die Selbstgenügsamkeit einer der göttlichsten Aspekte der Liebe ist, so ist diese Aussage als intuitiv-emotionale Annäherung an die Absolutheit des Göttlichen und damit schlussendlich an Deine eigene zu verstehen. Im Gewahrsein der eigenen Vollkommenheit, die nur dort sein kann, wo Absolutheit ist, ergibt sich Selbstgenügsamkeit als logische und einzig mögliche Konsequenz. Für den Menschen jedoch, der sich selbst als bruchstückhaften Teilaspekt, als versehrtes Fragment des Alles-was-Ist, wahrnimmt, hat die Selbstgenügsamkeit meist den Charakter einer lebenslangen Herausforderung.

Du wirst Dich weiterhin als Fragment des All-Einen wahrnehmen, wenngleich innerhalb erweiterter Parameter. Mit anderen Worten: Wenn Du Dir die Dinge auch nach wie vor nicht schenkst, so werden sie doch erheblich vereinfacht. Das ist das Geschenk, das Du Dir selbst machst, denn Du willst Dir die Dinge selbst erschaffen.

Die Selbstgenügsamkeit ist ein typisches, sozusagen ›repräsentatives‹ Neue-Zeit-Konzept. In der rauen Luft der alten Energie, die sich zwangsläufig aus der Grobstofflichkeit der irdischen Dimension ergibt, ist die Selbstgenügsamkeit verpönt oder wird zumindest misstrauisch beäugt. Und so werden denn viele unter Euch behaupten, dass eben gerade besagter Mangel an Zufriedenheit mit sich selbst bis dato eine machtvolle Triebfeder ihrer geistig-spirituellen und intellektuellen Entwicklung war.

Die unsensible Dichte dieser Dimension kann immer nur ein unscharfes Bild der Wirklichkeit zeichnen. Die gespiegelte Abbildung des Göttlichen unterliegt in dieser Erfahrungsebene unausweichlich Verzerrungen, die die Wirklichkeit verfälscht wiedergeben. Es ist einem Blick auf sein Spiegelbild in einer bewegten, unruhigen Wasserfläche vergleichbar. Der Aufstieg wirkt wie die Beruhigung des Wassers, das nunmehr einen wesentlich unverfälschteren Blick ohne Wiedergabe eines Zerrbildes erlaubt.

Was der göttlichen Wirklichkeit näher kommt, also der Wahrheit ähnlicher sieht, das muss der Liebe näher kommen, denn nichts anderes als Liebe ist Wirklichkeit. Dies bedeutet, vereinfacht ausgedrückt, dass es in der sensibleren, energetisch geklärten Umgebung der Erleuchtung völlig undenkbar ist, von einem Konzept der Lieblosigkeit und des Angriffs gegen sich selbst einen wie auch immer gearteten Vorteil oder Fortschritt zu erwarten. In der Abwesenheit von Liebe ist jede Art von Entwicklung und Voranschreiten ewig und vollkommen unmöglich. Dies ist und war schon immer so. Nun ist es an der Zeit, dass es erkannt wird.

Liebe ohne Wenn und Aber wird vermehrt als die einzig wirkliche erkannt. Die Welt, wie sie sich Dir darstellt, wird im Lichte der Wahrheit eine wesentlich logischere. Aus Dunkelheit kann kein Licht hervorgehen und aus Selbstverletzung keine Heilung. Wenn wir der Selbstgenügsamkeit gedanklich auf den Grund gehen und ihr in unserem Herzen nachspüren, erkennen wir schnell, was sie ist. Sie ist Deine konkret und praktisch gelebte Ehrerbietung an Deinen

Schöpfer. Sie ist die Anerkennung seines Planes für sich selbst, an Dir und durch Dich.

Alles-was-Ist ist ganz und gar in jedem seiner Teile. Das Göttliche ist nicht teilbar, denn was vollständig in jedem seiner Aspekte enthalten ist, das muss noch in der Teilung unteilbar und ungeteilt sein. Das ist Gottes Absolutheit, wie sie Dir aufgrund der Dualität zu begreifen verwehrt ist. Alles-was-Ist wäre nicht, was sein Name sagt, wenn Er nur das eine oder das andere sein könnte.

Wenn Dir die Dualität auch den intellektuellen und emotionalen Zugang zur Wahrheit verweigert, so steht Dir doch der spirituelle Weg offen, was sich schlicht und ergreifend an der Tatsache beweist, dass Du in der Lage bist, die Wahrheit als solche zu erkennen und zu glauben, ohne sie greifen zu können. In der absoluten, unumstößlichen Gewissheit, dass es Dir als integralem Aspekt des All-Einen unmöglich an irgendetwas fehlen kann, wird Unzufriedenheit mit Dir selbst und jede Wahrnehmung von Mangelhaftigkeit und Ungenügen völlig absurd. Was kann dem fehlen, der alles ist? Es gibt lediglich verschiedene Wahrnehmungsstufen Deiner gottgegebenen Vollkommenheit.

Das ›Weniger‹, das Du in Deiner bruchstückhaften Wahrnehmung Deiner selbst zu sein glaubst, ist das ›Alles‹, das auf dem Weg ist, sich selbst als solches zu erkennen. Mehr als alles aber kannst Du nicht sein.

»Der höchste Genuss besteht in
der Zufriedenheit mit sich selbst.«
Jean Jacques Rousseau

# Die Aussöhnung mit der individuellen Wahrnehmung

Meine liebe Freundin, mein lieber Freund, eine weitere Auswirkung der Liebe, vom liebenden Selbst auf das geliebte Selbst, ist eine Facette, die wir die Selbst-Glaubwürdigkeit nennen wollen. Bei dieser Komponente des Verhältnisses zu sich selbst geht es im Grunde und in Wahrheit um nichts weniger als um die Verwurzelung des Selbst sowohl innerhalb seiner eigenen Identität als auch innerhalb seiner eigenen Realität.

Sicherlich hast Du festgestellt, dass sich das Konzept der Zentriertheit, das in Wirklichkeit ein hochbewusster Seinszustand ist, wie ein roter Faden durch diese Schriften zieht. So auch in diesem Aspekt, wo es, wie gesagt, um die Verwurzelung des Selbst geht.

Immer dann, wenn Du in Deiner eigenen Mitte bist, also dann, wenn Du Dich zentrierst, reduzierst Du Dich auf Dich selbst. Was sich jedoch auf sich selbst reduziert, das erweitert sich. Die Reduktion erlaubt und ermöglicht Dir sozusagen, mehr von Dir selbst wahrzunehmen, als dies vorher der Fall war, weil die Energie gerafft ist. Ein zentriertes Bewusstsein ist gewissermaßen ein energetisches, hochpotentes Konzentrat. Es ist in einem sehr ureigenen Sinne völlig korrekt zu sagen, dass nur wer in sich geht aus sich herauskann. Jedes bewusste Wesen braucht in der ein oder anderen Art Verwurzelung, wie auch immer sie in der jeweiligen Dimension auszusehen hat. Fernab der göttlichen Heimat, in irdischen Gefilden, ist ihr Fehlen besonders tragisch und wird umso schmerzlicher empfunden, da die Wahrnehmung der ewigen, unzerstörbaren Anbindung an die Urquelle nur sehr rudimentär ausgeprägt ist. Wer sich selbst liebt, der verwurzelt sich, denn wer nicht weiß, dass er Grund und Boden unter sich hat, kann nirgendwo hingehen.

Der Baum streckt seine Krone, wohin er will. Was könnte dem Menschen sichere Verwurzelung sein, wenn nicht das unverbrüchliche Vertrauen in sich selbst, der Glaube an seine eigene Wahrnehmung? Nichts ist so individuell wie die menschliche Wahrnehmung und eben deshalb ist nichts so göttlich. Die Wahrnehmung ist das Handwerkszeug der göttlichen Schöpferkraft, durch die sie sich völlig unverschleiert zeigen und manifestieren kann.

Die unbegrenzte Freiheit der Wahrnehmung ermöglicht in direkter Konsequenz die unbegrenzte Auswahl der Erschaffung persönlicher Erfahrungsrealitäten. Im Wissen um die grenzenlose schöpferische Freiheit des Menschen hat die individuelle Wahrnehmung ihre absolute, bedingungslose Daseinsberechtigung, birgt sie doch größtmögliches Selbsterkenntnispotenzial. Wer könnte jemals seine Macht erkennen, ohne sich ihrer zu bedienen? Die Tragik dessen, der sich selbst das Vertrauen in die eigene Wahrnehmung verweigert, liegt vor allem in dem Umstand, dass er, wie ein Fähnchen im Winde hin- und hergerissen, niemals auf eine konstante Wahrnehmung zurückgreifen kann. Wahrhaft entwurzelt wird er umgetrieben von Einflüssen und Wirkungen aus ›zweiter Hand‹, die ihn nicht zu sich selbst finden lassen. Der Mensch, dem es an Selbst-Glaubwürdigkeit mangelt, kommt nie zur Ruhe. Glaubwürdigkeit hat, wie das Wort sehr treffend sagt, unmittelbar mit Würde zu tun. Hier liegt der Schlüssel zur Auflösung der Problematik. Bist Du würdig, Dir selbst Glauben zu schenken?

Die Würde, die den Glauben an sich selbst trägt, kann nur der göttlichen Herkunft entspringen. Diese wiederum rechtfertigt die Glaubhaftigkeit, denn die absurde Idee, sich selbst den Glauben zu verweigern, bedeutet schlussendlich, dass Alles-was-Ist das eigene Sein infrage stellt.

Dies ist allzeit völlig unmöglich und so muss der selbst auferlegte Mangel an Glaubwürdigkeit ein Egokonzept sein, entsprungen dem Mangel an Vertrauen in das eigene Sein und in die Macht und Freiheit, mit diesem Sein schöpferisch zu experimentieren und zu spielen. Wahrnehmung und die daraus resultierende Realität ist im Grunde und in Wahrheit nichts anderes als das göttliche Spiel mit den eigenen schöpferischen Kräften.

Wenn sich die Parameter der Sicht auf die eigene Natur erweitern, wird auch der Sabotage des Selbst ein Ende bereitet. Nie wird der menschliche Selbstwert so arg in Mitleidenschaft gezogen wie im Misstrauen gegen die eigene Wahrnehmung. Wer sich selbst Glaubwürdigkeit zugesteht, der gesteht sich implizit das bewusste Recht auf seine eigene Erfahrungsrealität zu. Beim vertrauensvollen Glauben an die eigene Wahrnehmung geht es sicherlich nicht darum, seine Geistesinhalte und die daraus resultierenden Erfahrungen niemals zu hinterfragen. Es geht vielmehr darum, sich selbst in der vollen, bewussten Anerkennung seines Wertes selbst ernst zu nehmen. Dies impliziert mit Sicherheit auch die Achtung vor den Zweifeln sich selbst gegenüber. Es ist ein fundamentaler Unterschied, ob ein Mensch seine Wahrnehmung verleugnet oder sie hinterfragt. Wer seine Wahrnehmung mit sich selbst zur Diskussion stellt, erkennt an, dass sie stattgefunden hat. Er erkennt sich selbst an.

So erschütternd die Wahrnehmung innerhalb der Erdenerfahrung mitunter auch sein mag, nie ist sie so erschütternd wie ihre Verleugnung, denn Verleugnung stellt das Sein als solches infrage und bedeutet in jedem Fall eine Erschütterung des Bewusstseins bis in seine menschlichen Grundfesten.

Die Aussöhnung mit der eigenen Wahrnehmung bedeutet die liebende Akzeptanz des Selbst und die Achtung vor der ganz persönlichen Eigenart seiner Ausdrucksform. Wer sich selbst keine fremden Wahrnehmungsvorgaben unter Verleugnung der eigenen aufzwingt, der zwingt auch keinem anderen die eigenen auf. Wie innen, so außen. Wer sich selbst glaubt, der weiß, dass er ist. Je tiefer und fester die Wurzeln, desto prächtiger die Krone.

»Wer nicht in Zweifeln wehevoll gerungen,
mit Gott und sich und mit der Welt entzweit,
ist selten durch das dunkle Tor gedrungen
zum Strahlenthrone seiner Herrlichkeit.«
Deutsches Sprichwort

# Die Aussöhnung mit der Unklarheit um sich selbst

Mein lieber Freund, meine liebe Freundin, an anderer Stelle dieser Botschaften haben wir festgestellt, dass Du umso gewisser auf dem richtigen Weg bist, je mehr Ungewissheit Du ertragen kannst. Wir möchten diesen Aspekt nunmehr in direktem Bezug auf Dich selbst aufgreifen.

Ungewissheit ist ein typisch erdengebundener Zustand. So vieles liegt für Dich im Dunkeln, entzieht sich Deinen Blicken und Deinem Erkennen und Du bist sozusagen gezwungen, von einem ›toten Winkel‹ in den nächsten zu springen. Dies ist einer der Hauptgründe für die Großartigkeit des Erdendaseins. Die innerpsychische Entsprechung der äußeren Ungewissheit ist das menschliche Unbewusste.

Du bist vieles, ohne davon zu wissen. Du entziehst Dich einfach selbst in weiten Teilen Deinem Blick und damit auch Deinem bewussten Zugriff. Die toten Winkel in der Selbstwahrnehmung sorgen immer wieder für Überraschungen, oft unliebsame, von denen Du nicht erkennen kannst, dass Du selbst sie Dir bescherst.

Es dürfte Dich nicht sehr verwundern zu erfahren, dass der Anteil an Unterbewusstsein in der menschlichen Psyche nach dem Aufstieg ins Licht zugunsten der bewussten Komponenten abnimmt. Die mit dieser Anpassung einhergehende Erleichterung des irdischen Daseins liegt auf der Hand und versteht sich von selbst. Was sichtbar ist und bewusst erlebt wird, unterwirft sich der Kontrolle und der Möglichkeit zur Einflussnahme. Der Einfluss auf das eigene Leben bekommt ungeahnte Schubkraft, die nicht mehr erduldet, erlitten, sondern kraftvoll genutzt und genossen wird. Persönliche Macht, Kraft und Bewusstheit sind genussvolle Seinsaspekte, die zu ungeahnten Ehren kommen.

Du wirst selbstverständlich sehr viel freudvoller leben. Da Liebe selbst Licht ist, bringt sie alles ans Licht. Die Erhöhung der Schwingungsfrequenz, die einer progressiven Erweiterung der Fähigkeit zur Liebeswahrnehmung gleichkommt, kann also nur die schrittweise Erlösung der unbewussten Anteile menschlicher Persönlichkeit zur Folge haben.

Was, wenn nicht Liebe, könnte jemals irgendetwas heilen? Was, wenn nicht Liebe, könnte jemals Licht ins Dunkel bringen, wo doch Liebe die einzig existente Lichtenergie ist? Wenn es beim Aspekt der Glaubwürdigkeit um die Verwurzelung des Selbst innerhalb des eigenen Identitätsgefüges geht, so geht es bei der Selbst-Gewissheit um Ganzheit oder anders ausgedrückt um Unversehrtheit und Heilung.

Seit den Anfängen der klassischen psychologischen Menschenforschung hat, ungeachtet all ihrer unbestreitbaren Wohltaten, eine unselige Begleiterscheinung wie ein verheerendes Lauffeuer um sich gegriffen. Der Mensch ist regelrecht erblindet für seine göttliche Unversehrtheit innerhalb seiner menschlichen Versehrtheit. In Ermangelung der Erkenntnis der Gesamtzusammenhänge irdisch-menschlicher Lebenserfahrung wurde das Verständnis für ihre übergeordnete Sinnhaftigkeit völlig abgestumpft. Der Mensch misstraut sich selbst. Wo es in früheren Zeiten die

Abgründe menschlicher Sündhaftigkeit waren, die es zu bekämpfen galt, so sind es heute die in unbekannten Tiefen lauernden unkontrollierbaren Wesensanteile, die gefürchtet und verabscheut werden. Bei Lichte betrachtet hat sich dadurch in der Beziehung des Menschen zu sich selbst nichts Grundlegendes verändert, denn nach wie vor muss der Ausbruch eines Angriffs des dunklen Selbst auf seinen lichten Gegenpol gefürchtet werden. Nie weiß man, wann ›es‹ zuschlägt.

Diese Grundhaltung hat ein schizophrenes Identitätsgefüge zur Folge, das sich irgendwie mit sich selbst arrangieren muss. Der Mensch versucht, die Balance zu halten, irgendwo auf dem schmalen Grat zwischen dem, was er kennt, und dem, was er fürchtet. Ungewissheit um sich selbst ist ein wesentlicher Aspekt irdisch-menschlicher Lebenserfahrung. Wenn die uneinsehbaren Facetten, wie wir eingangs gesehen haben, auch in Zukunft anteilig verringert werden, so bleibt Ungewissheit doch grundsätzlich ein wichtiger Eckpfeiler jeglicher Inkarnationserfahrung.

Wenn Ihr auch nach dem Aufstieg nicht auf den machtvollen Erfahrungsaspekt der Ungewissheit verzichten wollt, so aus gutem Grunde. Die Möglichkeiten zu Entwicklung und Selbsterkenntnis sind geradezu grandios. Es ist unmöglich aufzuwachen, wenn man nicht zuvor eingeschlafen ist. Wenn wir es bildlich formulieren, könnte man sagen, dass Euer Schlaf weniger tief sein wird.

Von der Anerkennung der Möglichkeiten für Entwicklung und Selbsterkenntnis bis hin zur liebevollen Akzeptanz der Unwissenheit um sich selbst ist es nur noch ein kurzer Weg. Wer würde ablehnen, was er als ihm dienlich und segensreich erkannt hat? Nichts verringert den Einfluss des

Unbewussten so tief greifend wie seine liebevolle Akzeptanz. Wenn Du immer noch glaubst, es könnte jemals für irgendein Problem eine andere Lösung als Liebe geben, dann fang getrost von vorne an. *(Anm. der Verfasserin: Scherzhaft gesagt).*

Die Aussöhnung mit der Ungewissheit über wesentliche Facetten Deines Wesens bedeutet schlussendlich auch eine Aussöhnung mit der Unermesslichkeit der Größe Gottes. Wo das Mysterium des Göttlichen das Deine berührt, solltest Du Dich ehrfurchtsvoll verneigen und jeglicher Angst widerstehen. Mehr Gewissheit um Dich selbst als in der Aussöhnung mit der Ungewissheit kann es nicht geben: Liebe ist Gewissheit.

Im Frieden mit Dir, mit all Deinen Persönlichkeitsaspekten, wird jeder vorherige Konflikt hinfällig, denn die Aussöhnung birgt die Wahrnehmung der Ganzheit. In den Genuss der Eintracht mit Dir selbst, die aus dem Gewahrsein der Ganzheit entsteht, kannst Du erst dann kommen, wenn Du Dich mit Dir selbst einverstanden erklärst. Das Einverständnis in die Ungewissheit hat die Gewissheit Deiner ewigen, sicheren Einbettung in der göttlichen Ordnung zur Folge.

Selbst-Gewissheit ist Gott-Gewissheit, sie ist das unumstößliche Vertrauen in die ewige Gewissheit Deiner wahren Identität. Was immer Du über Dich selbst zu wissen glaubst, wenn Du weißt, wessen Geschöpf Du bist, dann weißt Du, wer Du bist. Mehr kann es niemals zu wissen geben, denn dann weißt Du alles.

# Die Aussöhnung mit der inneren Vielschichtigkeit

Meine liebe Freundin, mein lieber Freund, der persönliche Facettenreichtum des Menschen ist von enormer Größe. Die unbegrenzte Bandbreite seiner gesamten Vielschichtigkeit wartet jedoch noch auf ihre Anerkennung.

Die Erkenntnis der Unendlichkeit des Bewusstseins impliziert auch die Akzeptanz eines im wahrsten Sinne des Wortes unerschöpflichen Arsenals an Wesensaspekten und somit an Wahlmöglichkeiten. Das Bewusstsein kann logischerweise immer nur dasjenige nutzen und anwenden, wovon es weiß, dass es ihm zur Verfügung steht. Mit anderen Worten: Du kannst nur auf das zurückgreifen, was Du als Teil Deiner selbst erkannt hast.

Wo wir bei den vorherigen Aspekten von Verwurzelung und Ganzheit gesprochen haben, da ist hier vom Prinzip der Freiheit die Rede, genauer gesagt, von der Freiheit der Ausdehnung. Es geht darum, offen zu sein für Dich selbst. Diese Eigenart der Liebe ist deshalb so wichtig für Dich, weil sie den Aufstieg in die neue Energiequalität enorm erleichtert, ja sogar zwingend zur Folge hat. Die alte Schwingungsfrequenz begünstigt den Willen zur Einschränkung und zum Festhalten an Altbekanntem.

Der Erweiterung des Selbst stand die Hürde der Furcht vor dem Betreten unbekannter Gefilde im Weg. Die Verringerung der Furcht vor sich selbst – denn schlussendlich geht es um nichts anderes – eröffnet völlig neue Möglichkeiten des Experimentierens mit den inneren und äußeren Realitäten. Nur scheinbar und aus Sicht der Dualität scheint es wie ein Widerspruch, dass Ausdehnung nur innerhalb von Zentriertheit möglich ist. Im Grunde und in Wahrheit sind sie jedoch dasselbe. Nur was in sich selbst gesammelt ist, kann sich ausdehnen und bleibt doch in der Ausdehnung ganz bei sich selbst.

Dieses große göttliche Seinsmysterium liegt der essenziellen Natur aller Schöpfung zugrunde, denn es ist Eigenschaft und ureigenster Wesenskern der Liebe. Die Augenblicke, in denen Du Dir erlaubst, Dich selbst zu überraschen, gehören immer zu den fruchtbarsten in Deinem Leben. So verwirrend die Momente auch sein mögen, wenn Du von vormals unbekannter Seite an Dich selbst herantrittst und Wesenszüge an Dir erkennst, die Dir neu sind, so segensreich sind sie auch.

Je offener und unerschrockener Du Dir Deine eigene Vielschichtigkeit zugestehst, desto größer und prachtvoller die Vielfalt der Geschenke, die Du Dir selbst zu machen in der Lage bist. Je mehr zu sein Du Dir erlaubst, desto reicher bist Du. Niemals kann es einen anderen Reichtum geben.

Hier ist nicht die Rede von den unbewussten Anteilen des Selbst, sondern vielmehr von denen, die der Mensch sich nicht zuzugestehen wagt. Es geht um die Anteile, die wie brachliegendes Land einfach ungenutzt bleiben, weil man sich der Konsequenzen ihrer Nutzung nicht stellen will. Doch das innere Land bietet sich Dir zur Nutzung an. In dem Maße, in dem es sich Deinem Blick eröffnet, will es bestellt sein. Selbst-Verständnis ist zwingend abhängig von der lebendigen Erfahrung des Selbst. Was nicht erfahren wurde, kann nicht verstanden sein. Der offene, neugierige und experimentierfreudige Umgang mit der eigenen Vielfalt innerer Potenziale kommt einem großen Tor gleich, durch das die Erkenntnis der göttlichen Natur frei hindurchschreiten kann. Wo man sich selbst ohne Vorbehalte und Misstrauen gegenübersteht, da sind der Liebe wahrhaft Tür und Tor geöffnet.

Wer sich zugesteht und erkennt, dass er viel mehr ist, als er zu überblicken in der Lage sein kann, und sich dennoch seiner Identität sicher bleibt, hat mehr von sich selbst erkannt als jener, der sich genau einordnen zu können glaubt. Die Liebe zum Selbst fördert letztlich die Bereitschaft zur Aussöhnung mit der eigenen Unüberschaubarkeit, denn wer sich selbst überblicken kann, der sieht sich nicht.

Mensch, so klein bist Du nicht! Die innere menschliche Vielschichtigkeit ist ein Abriss, eine Teilansicht der göttlichen Unbegrenztheit und somit bedarf die Selbsterkenntnis ihrer Anerkennung. Ihr folgt schließlich die Einsicht, dass jede Form der Einordnung Begrenzung und Bemessung bedeutet und somit illusorisch sein muss. Selbst-Verständnis besteht also auch in der vertrauensvollen Akzeptanz der Tatsache, dass Du sozusagen wie eine Rechnung mit vielen Unbekannten bist, die dennoch mit Sicherheit aufgeht. Das Göttliche verrechnet sich nicht. *(Anm. der Verfasserin: Scherzhaft gesagt).* Und so bist Du das offene Buch Gottes und gleichwohl ein Buch mit sieben Siegeln. Das göttliche Buch, das sich selbst ewig weiterliest und doch niemals zum Schluss kommt, denn immer dann, wenn Du glaubst, am Ende zu sein, hat Gott sich selbst bereits weitergeschrieben. Grenzenlos groß bist Du!

# 9. Teil

## Die Frage der geistigen Wirklichkeit

# Die Ausdünnung der Materie

Mein lieber Freund, meine liebe Freundin, was geschieht, wenn es plötzlich ›weniger Materiepartikel‹ braucht, um Materie zu bilden, als vorher?

Nun, die Materie wird im wahrsten Sinne des Wortes ausgedünnt. Dennoch bleibt sie ganz und gar Materie, zumindest für den, der in ihr und somit Teil des Systems ist. Man kann eine strukturelle Veränderung logischerweise nicht von außen beobachten, wenn man in ihr ist.

Die Materie wird dünner und die materiellen Komponenten Deines Inkarnationsausdrucks sind von dieser grandiosen Transformation natürlich nicht ausgeschlossen. Das ist der Grund, weshalb Du sie nicht bemerken kannst. Die Ausdünnung der Materie bedeutet ihre Vergeistigung.

Wie wir immer wieder betonen, ist Alles-was-Ist, was sein Name sagt und somit absolut. Es gibt also nicht ›mehr oder weniger Göttlichkeit‹. Es kann letztlich keine Hierarchie des Göttlichen geben, denn das würde seinem allumfassenden Charakter widersprechen. Was es jedoch sehr wohl gibt, sind unterschiedliche Grade ihrer Wahrnehmung. Mit anderen Worten: Auf dem Weg zur Erleuchtung bist Du nicht etwa in größerem Maße Teil des Göttlichen als zuvor, nichts kannst Du jemals sein, was Du nicht schon ewig gewesen wärst, aber Du wirst mehr davon erkennen. Der Spiegel, der Dir bisher nur eine winzige Teilansicht Deiner selbst bot, gibt nun deutlich mehr von Deiner Gesamterscheinung preis. Da jede individuelle Wahrnehmungserweiterung ein gigantisches Ereignis darstellt, ist es von einer Tragweite, die das ganze Universum berührt und beeinflusst. Du hebelst die kosmische Ordnung aus und gestaltest sie neu.

Im Aufstieg zeigt sich Gott selbst in seiner ganzen wundervollen Pracht und Schöpferkraft. Der Aufstieg jedes einzelnen Menschen ist ein wahrhaft heiliges, fantastisches Schauspiel von unbeschreiblicher Schönheit, das in die Analen der Ewigkeit eingeht. Die Ausdünnung der Materie, ihre Vergeistigung, hat eine Erleichterung des Lebens für jede Bewusstseinsform zur Folge, die sich in ihr und durch sie ausdrückt. Materie wird leichter, sie wird somit leichter zu tragen und leichter zu ertragen. Sie wird leichter zu durchschauen und leichter zu beeinflussen. Sie wird leichter zu formen und leichter zu gestalten.

Je lichter die Materie, desto weniger muss ihr Rechnung getragen werden. Mit anderen Worten: Der Druck der Materie verringert sich zugunsten des Einflusses des Geistigen. Dies bedeutet ganz konkret und praktisch, dass es einfacher für Dich wird, die Dinge materiell so zu manifestieren, wie Du es zu tun wünschst. Da Du Dir wesentlich weiter über Dich selbst im Klaren bist, kann diese Folge nicht ausbleiben. Es wird sehr viel einfacher, des Menschen Wunsch und Gottes Wille zu vereinbaren.

Du fühlst Dich Deinem Höheren Selbst sehr viel näher und enger verbunden. Je mehr sich das Bewusstsein seiner wahren Natur annähert, desto einfacher wird das Leben, weil es im wahrsten Sinne des Wortes selbstverständlich wird. Außerdem werden sich die zeitlichen Abläufe verkürzen. Dies wird die Ungeduldigen unter Euch besonders zu hören freuen. *(Anm. der Verfasserin: Scherzhaft gesagt und nicht ohne ausdrückliche Anspielung auf mich selbst).* Der Zeitfaktor wird wesentlich weniger Druck auf Dein Dasein ausüben. Du wirst die Zeit spielerischer nutzen und Dich ihr nicht so ausgeliefert fühlen. Du wirst in größerem Maße das Gefühl haben, dass die Zeit ›für Dich arbeitet‹ und nicht gegen Dich.

Die Tatsache, dass Zeit im Grunde und in Wahrheit überhaupt keine Rolle spielt, wird auf sehr viel tieferer Ebene verstanden und gelebt, als dies jetzt noch der Fall ist. Der weise Umgang mit der Zeit setzt die Erkenntnis voraus, dass sie eine Illusion ist. Ihr alle würdet gut daran tun, sie nicht so ernst zu nehmen, denn Ihr verleiht ihr weitaus mehr Macht, als ihr zusteht.

Wenn Materie dünner wird, dann wird sie leichter. Wie wir vorhin festgestellt haben, bedeutet dies unter anderem, dass sie auch leichter zu durchschauen ist. In erster Linie heißt dies, dass Du sehr viel mehr verstehst, was um Dich herum vorgeht. Du verstehst Dein Leben in größerem Maße, es wird im wahrsten Sinne des Wortes transparenter. Du erkennst die Spiegelfunktion der Materie und damit Deine eigene schöpferische Natur sehr viel eindeutiger. Du durchschaust die Welt der äußeren Erscheinungen als das, was sie ist, eben Spiegelung Deiner eigenen Innenwelt, die nur scheinbar in einem ›Innen‹ eingeschlossen und isoliert existiert und dort ein verborgenes Eigenleben führt. Die Wege zwischen Ursachensetzung und Manifestation der Wirkung verkürzen sich und werden damit sehr viel leichter nachvollziehbar. Große Zusammenhänge werden erkannt und somit bis zu einem gewissen Grade bewusst steuerbar. Der Machtzuwachs von einer Dimension zur nächst feinstofflicheren ist deshalb beachtlich, weil er auf einem Zuwachs an Liebeswahrnehmung beruht. Wer an den Aufstieg in die Erleuchtung denkt und sich damit auseinandersetzt, der sollte sich dies stets deutlich vor Augen halten, damit er den Blick für das ewig Wesentliche nicht verliert.

Jeder wirkliche Fortschritt, jede wahre Entwicklung, jedes echte Wachstum beruht immer und ausnahmslos auf Liebe. Alles andere ist Illusion und somit aus Sicht der Wirklichkeit wertlos und unsinnig, weil nicht existent. Die nachhaltigste und unmittelbarste Folge der Ausdünnung von Materie überträgt sich naturgemäß auf die Materie, die dem Bewusstsein am nächsten steht, auf die menschliche Physis.

Wir haben bereits erläutert, dass die Anfälligkeit der menschlichen Biologie, ihre Tendenz zur Erkrankung, im Lichte göttlicher Einheitswahrnehmung stark nachlässt. Schon allein dieser Aspekt der Erleichterung menschlicher Lebenserfahrung ist sowohl individuell als auch kollektiv von enormer Tragweite. Dies hat eine drastische Veränderung der Einstellung des Menschen sich selbst gegenüber zur Folge, einen deutlichen Zuwachs des Selbstwertgefühls basierend auf dem Bewusstsein der eigenen schöpferischen Macht und der natürlichen Unversehrtheit.

Diese Unversehrtheit ist im wahrsten Sinne des Wortes natürlich. Sie ist der ursprüngliche Seinszustand, der völlig selbstverständlich gegeben ist und mühelos erhalten wird. Je ausgeprägter und klarer das Bewusstsein der eigenen Göttlichkeit, desto geringer die Neigung zu Konflikthaftigkeit, auch und erst recht mit sich selbst und dem eigenen physischen Ausdruck. Die Physis gehorcht dem erwachenden Bewusstsein Deiner Heiligkeit. Nie bleibt Gottes Ruf unbeantwortet.

# Die Lockerung der Grenzbestimmungen zwischen den Dimensionen

Meine liebe Freundin, mein lieber Freund, da es den Raum in Wirklichkeit nicht gibt, existieren die verschiedenen Dimensionen nicht etwa neben- oder übereinander, sondern vielmehr ineinander. Die Formulierung, dass die Dimensionen alle gleichzeitig überall sind, kommt der Wirklichkeit der Dinge wohl am nächsten.

Es ist sicherlich nicht schwierig für Dich zu verstehen, warum eine individuelle Schwingungserhöhung die harten Grenzen zwischen Deiner materiellen und den geistigen Welten aufweicht. Im Grunde ist es kein Aufweichen der Grenzen, sondern vielmehr eine Verschiebung. Du rückst den geistigen Welten einfach dadurch näher, dass die Deine feinstofflicher wird. Es versteht sich von selbst, dass folgenreiche und bemerkenswerte Veränderungen des Verhältnisses zueinander die Folge sind.

In erster Linie wird die Kommunikation sowohl einfacher als auch selbstverständlicher. Dies gilt für beide Seiten gleichermaßen, denn wo die geistige Welt für Dich leichter erreichbar ist, da bist Du es auch für das Geistige. Überdies könnte man sagen, dass die Kommunikation klarer und unverfälschter wird. Die Ursprünglichkeit der geistigen Energien und Schwingungsfrequenzen bleibt weitaus unversehrter, da es bei der Übermittlung von Information sehr viel weniger Reibungsverluste durch zu überwindende Materie gibt. Dies war bislang unvermeidbar und brachte immer ein gewisses Maß an Verzerrung mit sich.

Was Dir näher ist, das ist Dir naturgemäß vertrauter, und was Dir vertraut ist, das fürchtest Du nicht. Deine dimensionale Annäherung an das geistige Sein hat also ebenfalls einen unbekümmerteren Umgang mit der unsichtbaren Welt und somit sehr viel weniger Befangenheit deinerseits zur Folge.

In der Einleitung haben wir unsere Art der Koproduktion mit unserem Medium bei der Erarbeitung der vorliegenden Botschaften beschrieben. Wie wir gesagt haben, ist diese Art der Dir hier vorliegenden gemeinsamen Arbeit bezeichnend für den Geist der neuen Zeit. Dieser Geist ist geprägt von Ebenbürtigkeit. Die Richtigstellung der Verhältnisse zwischen denen, die in der Materie sind, und denjenigen, die außerhalb stehen, wird dem Menschen seinen ihm zustehenden Platz anweisen. Bisher gab und gibt es immer noch vielfach ein Machtgefälle zwischen inkarniertem und freiem Bewusstsein, das, so angemessen es auch war, nunmehr der Korrektur bedarf. Diese Art der Beziehung zur geistigen Welt ist Dir nicht länger dienlich.

Der Mensch hat in der Vergangenheit im Angesicht geistiger Mächte sein eigenes Licht unter den Scheffel gestellt und dies konnte er nur in völliger Verkennung der wahren Sachlage und in maßloser Unterschätzung von Bedeutung und Wert der eigenen Erdeninkarnation. Mit dem Aufstieg geht auch das Erwachen für die Größe und Erhabenheit irdischen Lebens einher. Du wirst Deine eigene Leistung anerkennen und ehren, anstatt sie zu schmälern. Es ist wirklich und wahrhaftig so, dass Du nicht weißt, was Du tust, wenn Du Dir erlaubst, das Menschsein herabzuwürdigen. Du verstehst die Grandiosität des Inkarnierens und Lebens in Menschenhaut nicht. Und so ehrst Du die Größe derer, die nicht inkarniert sind, und vergisst, dass Deine Inkarnation als solche schon die gleiche Größe beweist.

Der Aufstieg in die energetische Schwingungsqualität der Erleuchtung lässt diese Erhabenheit menschlicher Erdenexistenz ganz deutlich zutage treten. Die Ebenbürtigkeit mit der geistigen Welt ist die logische Konsequenz der Aufwertung der menschlichen Rolle im ewigen Spiel des göttlichen Daseins. Diese Ebenbürtigkeit macht eine völlig neue Art und Weise der Zusammenarbeit zwischen irdischer und überirdischer Welt möglich.

Der Energieaustausch ist weitaus weniger einseitig, als dies bisher der Fall war. Die Bedeutung und Größe des emotionalen und geistigen Reichtums, den die materielle Welt der geistigen zu bieten hat, ist bei Weitem nicht in vollem Umfang erkannt. Die Rückstrahlung von spirituellen und emotionalen Inhalten in die geistige Welt ist von innerhalb der Inkarnation aus in ganz besonderer Weise wertvoll und überaus mächtig. Von hier aus sind weitere Brennpunkte gesetzt für neuerliche und weiterführende Schwingungserhöhung. Diese aus der materiellen Welt kommenden Rückstrahlungen – aus dem Herzen der Materie sozusagen – können der geistigen Welt wiederum wie eine Art Autobahn dienen, auf der sie ihrerseits Informationen direkt und unmittelbar in die Materie zurückfließen lässt. Die geistige Welt kann die Straßen nutzen, die die materielle ihr baut. Obwohl in dieser Hinsicht in den letzten Jahren enorme Fortschritte zu verzeichnen sind, ist jetzt noch kaum vorstellbar, wie einfach und mühelos dieser geistige Straßenbau sein kann und Euch gelingen wird. Diese Nähe zur feinstofflichen Welt, die Identifikation mit der geistigen Natur des Bewusstseins, wird des Menschen Leben innerhalb der Inkarnationserfahrung drastisch vereinfachen und vieles entschärfen.

Der Mensch wird, im wahrsten Sinne des Wortes, nicht mehr so tief sinken können. Er wird nicht mehr so tief in die Illusion sinken. Die Grenzen der Illusion sind immer auch die Grenzen des Leides. Doch dies ist nur die eine Seite der Medaille. Die Annäherung der Materie an den Geist, die in der Erleuchtung vollzogen wird, ist auch für die geistige Welt nutzbringend und segensreich. Man könnte es in etwa so ausdrücken, dass die ›Erreichbarkeit der Materie‹, also ihre Vergeistigung, vereinfacht wird. Wo der Weg von der Materie zum Geist verkürzt wird, da ist dies logischerweise umgekehrt ebenso der Fall. Dass dieser Umstand ebenso sehr im Interesse des Geistigen liegen könnte, wird aus vorhin genannten Gründen nur allzu leicht übersehen oder zumindest unterbewertet.

Erst wenn das Sichtbare und das Unsichtbare sich ebenbürtig auf Augenhöhe begegnen, wird dieser Umstand voll erkannt. Der Austausch von Energie, in welcher Form auch immer, ist zu beiderseitigem Nutzen. Die Entwicklungen der Erde sind von gewaltigem kosmischen Allgemeininteresse. Nichts und niemand kann sich dem Einfluss dessen entziehen. Wenn Alles-was-Ist sich in einer seiner Ausdrucksformen entschließt, inmitten der Dunkelheit und aus ihr heraus sich selbst als Licht zu identifizieren und anzuerkennen, dann kann das nicht ohne Wirkung auf all seine anderen Ausdrucksformen bleiben, denn nichts ist jemals wirklich voneinander getrennt. Die Intensivierung der Beziehungen zwischen den geistigen Ebenen und der Welt der Materie sind wie eine Art fruchtbarer Außenhandelsbeziehungen, von denen beide Seiten profitieren. Der Gewinn der geistigen Welt kann dabei gar nicht hoch genug eingeschätzt werden.

Wer sich innerhalb der Dunkelheit als Licht wahrnimmt und es ins Licht hinein postuliert, so wie Du es tust, der leitet dadurch einen enormen Machtverlust für die Dunkelheit ein, wie er in dieser Form nur direkt aus der Dunkelheit heraus zu bewerkstelligen ist. Um Erlösung zu bringen, muss man dorthin gehen, wo sie vonnöten ist. Das ist, was Ihr tut, wenn Ihr inkarniert. Das ist Menschwerdung!

Ihr seid sozusagen diejenigen, die an vorderster Front stehen. Ihr seid diejenigen, deren Feedback uns sagt, wer wir sind. Wir sehen und wissen es im Lichte aus dem Licht heraus. Ihr aber erkennt es inmitten tiefster Dunkelheit. Es ist wahrhaft an der Zeit, dass das Menschsein sich selbst die Ehre gebietet, die ihm zusteht und immer schon zustand. Es wird Dir immer deutlicher klar, wer und was Du bist. Die wahre Größe Deines Menschendaseins wird endlich erkannt und damit auch die selbstverständliche Erfahrung, dass der Kontakt mit den geistigen Welten keine Beziehung von Almosen empfangendem Bittsteller einerseits und sich edelmütig herablassendem Spender andererseits ist. Es ist gleichberechtigte Koproduktion der fruchtbarsten Sorte.

Wenn wir hier von Menschen für Menschen schreiben, dann schreiben wir ebenso von Geist für Geist. Das göttliche Bewusstsein kennt diese Trennung und Einordnung nicht, die im Grunde und in Wahrheit eine fiktive ist. Für das Göttliche ist Bewusstsein. Punktum. Es gibt keine Hierarchie des Seins, es gibt lediglich eine Hierarchie der Erkenntnis dieses Seins. Die Kommunikation von Geist zu Geist, von Bewusstsein zu Bewusstsein ist das natürlichste aller denkbaren Phänomene. Was sich selbst als seiend erkennt, kann gar nicht anders als kommunizieren, denn es postuliert und manifestiert seine Existenz gleichermaßen in und durch die Kommunikation. Ohne Kommunikation von Geist zu Geist wäre Spiegelung des Seins unmöglich und wo keine Spiegelung ist, kann auch keine Selbstwahrnehmung sein.

Die Tatsache, dass die Kommunikation zwischen irdischen und überirdischen Bewusstseinsformen im Lichte der Erleuchtung intensiviert und auf eine völlig neue Bedeutungsebene gestellt wird, bezeugt die tief greifende Veränderung der menschlichen Selbstwahrnehmung. Wenn jeder sich selbst als in Fleisch gegangenes Bewusstsein identifiziert, wird niemand, der noch alle Sinne beisammen hat, diese Form der Kommunikation ernsthaft infrage stellen wollen. *(Anm. der Verfasserin: Scherzhaft gesagt).*

Wir dürfen nicht vergessen, dass die Macht der Materie und damit auch der Druck, den sie ausübt, generell nachlassen wird. Dies wird die Dinge wesentlich vereinfachen. Die Kontaktaufnahme und die Kommunikation werden weniger energieaufwendig und kräftezehrend – sowohl von menschlicher als auch von geistiger Seite aus. Wir erinnern uns an die verkürzten Wege, von denen anfangs die Rede war. Allgemein gesprochen kann man sagen, dass Du häufiger Wanderer zwischen den Welten sein wirst, als dies jetzt noch der Fall ist. Im Übrigen wirst Du es bewusster tun. Nicht zuletzt ist es dieses Wandern zwischen den Welten, das das Leben in der erhöhten Schwingung so viel sanfter und harmonischer für Dich macht. Nicht nur, weil Du Deiner geistigen himmlischen Heimat einfach näher bist und es die ganze Inkarnation über bleibst, sondern auch, weil Du in der geistigen Kommunikation immer wieder nach Hause kommst, um Dich energetisch aufzuladen.

Auf Deinem Weg ins Licht wirst Du das nicht nur viel häufiger tun als bisher, sondern auch und vor allem wesentlich bewusster. Es ist nicht etwa so, dass diese Möglichkeiten energetischer Aufladung und Erfrischung Dir vormals nicht zur Verfügung gestanden hätten – Gott lässt sich selbst niemals und nirgendwo im Stich –, es ist vielmehr so, dass Du diese Dir zu Gebote stehenden Mittel erst ansatzweise ausschöpfst.

»Ein Blick ins Buch und zwei ins
Leben, wird das rechte Maß dir geben.«
Johann Wolfgang von Goethe

# Die Annäherung an das Höhere Selbst

Mein lieber Freund, meine liebe Freundin, wenn wir in den letzten Ausführungen über die Beziehung des Menschen zu geistigen Energie- und Bewusstseinsformen im Allgemeinen gesprochen haben, so wenden wir uns jetzt ausschließlich der Beziehung zum Höheren Selbst zu.

Es versteht sich wohl von selbst, dass die geistige, göttliche Essenz des eigenen Seins ganz besondere Aufmerksamkeit verlangt. Hier geht es um mehr als um Kommunikation, hier geht es um reines Sein. Die mit dem Aufstieg verbundene Vergeistigung der Materie kann natürlich nicht ohne Folgen bleiben für die Beziehung des Menschen zu seinem Höheren Selbst.

Die Annäherung an die geistige Welt im Allgemeinen impliziert für jeden Menschen automatisch auch die Annäherung an sich selbst, an die Uressenz der eigenen Wirklichkeit, die eine rein geistige ist. Der Ausflug in die Materie wird mehr und mehr empfunden und erfahren als das, was er ist, ein Ausflug eben und nicht etwa die Heimat. Wie das bei Ausflügen naturgemäß der Fall ist, sollte der auf Erden so schmerzlich vermisste ›Spaßfaktor‹ nicht zu kurz kommen. *(Anm. der Verfasserin: Scherzhaft gesagt).*

Der unmittelbare und tief greifende Vorteil, den der Mensch aus der Annäherung an sein Höheres Selbst zieht, ist die Tatsache, dass er sich unter irdischen Bedingungen nicht mehr so verloren und entwurzelt fühlt, wie dies bisher der Fall war. Das bittere Gefühl einsamer Verlassenheit wird augenblicklich und in dem Maße beendet, in dem der Mensch gewillt und in der Lage ist, sich mit seinem Höheren Selbst zu vereinen. Des Erdenlebens bitterer Beigeschmack wird schwinden, denn im Gottesbewusstsein kann es ewig nur Frieden und Freude geben. Endlich werdet Ihr Gott dort begegnen, wo Er ist! Da es im Grunde und in Wahrheit die einzig wirkliche Instanz ist, bedeutet dies einen enormen Schritt in Richtung Wahrheit und damit in Richtung Erlösung.

Der geklärte Blick auf das Höhere Selbst ist die logische Konsequenz der Erweiterung der Wahrnehmungsparameter. Wie wir wiederholt festgestellt haben, ist dieser so sehnsuchtsvoll angestrebte Zustand der Erleuchtung bei näherem Hinsehen nichts anderes als eine Erweiterung der Befähigung zur Wahrnehmung von Liebe. Was also könnte näher liegen als die Klärung der Liebeswahrnehmung in sich selbst?

Du wirst nicht ›mehr‹ Höheres Selbst, obwohl es Dir so vorkommen mag. Du kannst nicht mehr von dem werden, was Du jetzt schon ganz und gar bist. Doch Du wirst es vermehrt erkennen, mehr denn je sagst Du: »Ja, ich bin es.« Mehr denn je fühlst Du es. Mehr denn je weißt Du es. Innerhalb des Erdenausflugs der jeweiligen Inkarnation wird Dich ein Stück Heimat begleiten. Ähnlich einer Schnecke, die ihr Haus immer und überall mit sich trägt, wirst Du Dich nicht länger heimatlos fühlen. Du wirst ein tiefes, unerschütterliches Grundgefühl wohliger Einbettung und süßer Geborgenheit empfinden. Wer sich mit seinem ureigensten Sein untrennbar verwachsen fühlt, dem wird es niemals und nirgendwo an Bodenhaftung fehlen, denn sein Zuhause ist in ihm selbst. Diese bewusste Verbundenheit und Identifikation mit dem Höheren Selbst verleiht Dir eine völlig andere Qualität von Rüstzeug für die Bewältigung der irdischen Herausforderungen. Wer Gott in sich erkennt und anerkennt, der fühlt sich getragen, beschützt, geschätzt, geehrt, anerkannt, verstanden, betreut, umsorgt, erkannt, bewundert, geführt, beraten, akzeptiert, gefördert, geachtet, geborgen, wahrgenommen, angeschaut und beschenkt. Mit anderen Worten: Wer Gott in sich anerkennt, der fühlt sich geliebt. Was, wenn nicht dies, könnte Dein Leben jemals einfacher und glücklicher machen?

Die tiefe Verbundenheit mit dem Höheren Selbst macht die Liebe zu einer ganz realen, überaus konkreten Wirklichkeitserfahrung, einer Erfahrung jenseits jeder Illusion und aller Theorie. Wirklichkeit definiert sich dadurch, dass sie ist. Mit anderen Worten: Was wirklich ist, das muss erfahrbar sein. Im Umkehrschluss bedeutet es aber auch, dass nur das erfahren werden kann, was als Wirklichkeit anerkannt wird.

Das Höhere Selbst, bisher mehr theoretisches Konzept und mutiges Gedankenkonstrukt als erfahrbare Wirklichkeit, wird endlich aus dem diffusen Nebel von Unklarheit, Halbwahrheit, Utopie und Unerreichbarkeit hervorgeholt. Es wird so real erlebt wie das Haar auf Deinem Haupt und der Regen auf dem Felde. Hier ist die Rede von einer völlig neuen Dimension der Spiritualität, von einer Gotteserfahrung, wie sie im energetischen Umfeld vergangener Zeiten kaum möglich war. So einfach und unspektakulär es auch klingen mag, wenn wir sagen, dass Gott in der bewussten Kommunikation mit dem Höheren Selbst sehr viel konkreter erfahren wird – die Tragweite dieser Veränderung ist für Dich zum jetzigen Zeitpunkt in ihrem Ausmaß kaum abschätzbar. Die ›neue Spiritualität‹ wird sehr viel mehr in den Herzen der Menschen ›stattfinden‹ als in Büchern und theoretischen Ausführungen anderer. Und so wird die praktische Beeinflussung des physischen Lebens durch den spirituellen Unterbau völlig neue Ausmaße annehmen. Sie wird gelebter Alltag und was gelebter Alltag ist, das ist von allgemein anerkannter Gültigkeit, sonst kann ein Konzept diesen Status niemals erreichen.

So wie Du die Dimension wechselst, so wird auch die Kommunikation mit dem Höheren Selbst im wahrsten Sinne des Wortes eine neue Dimension annehmen. Die Wahrnehmung der inneren Stimme wird sehr viel weniger Energieaufwand erfordern und dennoch wird sie wesentlich deutlicher und eindeutiger zu vernehmen sein. Die Diskrepanz zwischen dem Höheren Selbst und dem Ego wird geringer. Dieser Umstand bedarf der Erläuterung.

Die Kluft, die zwischen Deinem Ego-Du und Deinem göttlichen Du empfunden wird, muss und wird sich zwangsläufig verringern, wenn die Wahrnehmung der eigenen Göttlichkeit in der Erleuchtung eine Erweiterung erfährt. Die Interaktion zwischen Ego und Höherem Selbst erfährt logischerweise eine Anpassung an neue Gegebenheiten, wenn die Selbstwahrnehmung eine Verschiebung zugunsten des Höheren Selbst erlebt. Dies bedeutet ganz einfach und im Klartext, dass das Ego geschwächt wird. Wo die Selbstwahrnehmung sich in Richtung der göttlichen Essenz verschiebt, da kommt es zwingend zur Erlösung bestimmter Egoanteile, denn die Verlagerung der Wahrnehmung von Illusion in Richtung Wirklichkeit ist Erlösung. Selbsterkenntnis ist Erlösung. Der wichtigste und machtvollste Aspekt der neuen Form der Interaktion mit dem Höheren Selbst ist das gewachsene Vertrauen in Deine göttliche Natur. Es versteht sich von selbst, dass das Höhere Selbst in Deinem Leben nur so weit bewusst Einfluss nehmen kann, wie Du es zulässt und ihm vertraust, denn Vertrauen ist Wissen.

Dein freier Wille ist und bleibt ewig unantastbar, denn Gott kann sich selbst keine Autorität überordnen. Kein Dimensionensprung kann und will daran jemals etwas ändern. Die vollkommene Sicherheit und Integrität Deiner himmlischen Herkunft kann niemals und nirgendwo bedroht werden, denn der Schöpfer und seine Schöpfung sind ein und dasselbe. Je mehr Du Dich selbst in Deiner göttlichen Natur wiedererkennst, desto selbstverständlicher wirst Du dieser Natur vertrauen. Du wirst also ganz natürlich weitaus mehr aus Deinem göttlichen Bewusstsein heraus leben, als dies bisher der Fall war.

Dieses gesteigerte Bewusstsein wird Dich alles anders sehen lassen als aus dem Ego heraus. Du wirst einfach alles anders wahrnehmen. Du wirst die Dinge anders empfinden und anders erfahren. Du wirst sie anders beurteilen und einordnen. Du wirst sie als etwas anderes erkennen und Du wirst aus dem Göttlichen heraus anders auf sie reagieren. Dein Leben wird nie wieder so dunkel, trostlos und leidvoll, denn Du wirst viel mehr Liebe ausdrücken.

Dem Liebesgrundstoff Deiner Wesenheit weitaus mehr zugewandt wirst Du erkennen, dass Du sehr viel mehr Liebe zu tragen, zu transportieren und zu manifestieren in der Lage bist, als Du von Dir selbst geglaubt hast – Liebe von Dir selbst und Liebe für Dich selbst. Liebe für Alles-was-Ist.

Wohin immer Du gehen magst, immer gehst Du mit Gott, denn ohne ihn kann nichts jemals sein. So hat Er, der keinen Anfang und kein Ende kennt, es gefügt nach seinem Willen zu Anbeginn aller Zeiten.

»Über viele Dinge kann
ich nur mit Gott reden.«
Johann Wolfgang von Goethe

# Das Bewusstsein der Einheit irdischer Ausdrucksvielfalt

Meine liebe Freundin, mein lieber Freund, es gibt einen weiteren gewichtigen Aspekt des Aufstiegs ins Licht der Einheit, dem wir bisher noch keine besondere Aufmerksamkeit geschenkt haben. Es geht um den korrigierenden Einfluss auf die Wahrnehmung des Menschen hinsichtlich des Lebens innerhalb eines Gemeinschaftsverbundes und um seinen Platz darin.

Deine Erleuchtung und die damit einhergehende Ausdünnung der Materie bedeutet eine Zunahme der Transparenz von Illusion. Es liegt auf der Hand, dass die Erweiterung der Wahrnehmungsparameter zugunsten der Wahrheit eine vereinfachte Enttarnung des Irrtums zur Folge hat. Diese gesteigerte Erkenntnisfähigkeit kann nicht ohne tief greifende und weitreichende Folgen für das irdisch-menschliche Gemeinschaftsleben bleiben.

Die Einheit von Alles-was-Ist, die tiefe Verbundenheit aller Kreatur, ist in dieser Welt bis dato mehr ein theoretisches Gedankenkonstrukt als wahrgenommene Wirklichkeit mit selbstverständlichem Gültigkeitsstatus. Die Zusammenhänge sind meist an ihren negativen Auswirkungen zu erkennen, weil die Menschheit diese Tatsache, die ein göttliches Seinsattribut ist, weitgehend ignoriert. Erleuchtung berichtigt diesen Wahrnehmungsfehler immer und offenbart die Einheit allen Seins. Wenn wir den Blick für das

Wesentliche nicht verlieren wollen, dann müssen wir uns bei unseren Überlegungen ständig vergegenwärtigen, dass Erleuchtung im Grunde und in Wahrheit nichts anderes ist als eine Verdeutlichung der Wahrnehmung von Liebe, eine Schärfung des Sehvermögens. Was, wenn nicht Liebe, kann jemals die Wahrnehmung von Illusion berichtigen und der Erlösung in Richtung Wahrheit zuführen?

Da nur Liebe letztgültigen Wirklichkeitsgehalt hat, kann nur sie die Wirklichkeit ans Licht bringen, denn Illusion gebiert immer nur Illusion und Wahrheit gebiert immer nur Wahrheit. Die Dinge sind immer nur Ausdehnungen ihrer selbst. Nichts kann jemals etwas anderes hervorbringen.

Der Glaube an Trennung ist im Grunde und in Wahrheit nicht etwa der größte aller möglichen Wahrnehmungsfehler, sondern der einzige. Alle Illusion und jeder denkbare Irrtum beruhen auf dieser irrigen Annahme. Wie wir vorhin festgestellt haben, kann nur Liebe kraft ihres Wirklichkeitsgehaltes diesen Irrtum auflösen. Das ist es, was einen entscheidenden Schritt weit in der Erleuchtung geschieht.

Du wirst nach wie vor Dein Gefühl für Identität, Persönlichkeit und Einmaligkeit beibehalten, doch es wird in einem neuen, erweiterten Kontext stehen. Du siehst Dich selbst sozusagen von höherer Warte aus und damit ist auch Dein Blick für den kollektiven Gesamtzusammenhang, in dem Du Dich selbst betrachten musst, ein erweiterter. Vereinfacht ausgedrückt könnte man es so beschreiben, dass Deine Sensibilität für das Gemeinwohl eine enorme Steigerung erfahren wird. Diese Sensibilisierung basiert auf der erwachenden und erweiterten Erkenntnis der Einheit von allem, was ist, und somit auf der Einsicht, dass niemandes Schicksal getrennt und losgelöst von dem eines anderen sein kann. Wenn ein Apfel vom Baume fällt, dann betrifft diese Veränderung den ganzen Baum, er ist nicht mehr, was er vorher war.

Welche Veränderung in einem Verbund auch immer stattfinden mag, immer und ausnahmslos betrifft sie den ganzen Verbund, denn die Veränderung in einem seiner Teile zieht unfehlbar die Veränderung in anderen Teilen nach sich. Dieses Gesetz der Einheit zu ignorieren, bedeutet für den Verbund das Risiko des Identitätsverlustes als ganzes, denn es wird so lange und so massiv zu Veränderungen kommen, bis der Verbund sich selbst nicht mehr erkennt. Das, was er ist, ist nicht mehr das, was er war. Die illusorische, künstliche Abspaltung von Einzelteilen aus dem Gesamtidentitätsgefüge ist also immer ein unheilvoller und dramatischer Akt der Gewalt.

Für Dich bedeutet dieser Bewusstwerdungsprozess, dass Du den Zusammenhang zwischen Deinem persönlichen, individuellen Wohl und dem Deiner Mitmenschen sehr viel klarer wahrnehmen kannst. Die von höherer Warte aus gesehen offensichtliche Binsenwahrheit, dass die Probleme der Welt nur kollektiv gelöst werden können, wird endlich von so vielen Menschen erkannt, dass die irdischen Herausforderungen auch in dieser Weise in Angriff genommen werden. Die Probleme der Welt werden kollektiv gelöst oder überhaupt nicht, denn was nicht für alle eine Lösung ist, das ist gar keine. In Gott gibt es keine zu vernachlässigenden Minderheiten! Das Problem des Einzelnen ist das Problem aller, denn es ist vollkommen unmöglich, dass die Allgemeinheit unbeeinflusst bleibt. Die Zusammenhänge und Interaktionen der geistigen Verbindungen zwischen allen Menschen und der ganzen Schöpfung werden von Dir nicht nur sehr viel deutlicher wahrgenommen, sondern auch mit gebührendem Interesse erforscht und überprüft. Du wirst die Einheit als Grundprinzip weitaus mehr respektieren und in all Deine Entscheidungsprozesse einbeziehen.

Durch die Einsicht in die Bedeutung der Einheit aller Erdenbewohner wirst Du in der Lage sein, grundsätzliche Irrtümer zu korrigieren und künftig zu vermeiden. Dies hört sich hier und jetzt schwieriger an, als es in Wirklichkeit ist und sich für Dich darstellen wird. Du wirst sozusagen ganz selbstverständlich in diese Einsichten hineinwachsen, denn die energetische Qualität der Erleuchtung lässt Dich die Zusammenhänge und Interaktionen ganz deutlich erkennen.

Von der Erkenntnis zur richtigen Handlung ist es dann nur noch ein kleiner Schritt. Ausgehend von den richtigen Prämissen kann die ihr folgende Entscheidung kaum fehlerhaft sein. Die Erkenntnis der Wahrheit ist in Wirklichkeit niemals schwierig, denn die Wahrheit will erkannt sein und hält sich nie verborgen, anders als der Irrtum, der seine Enttarnung fürchtet. Für den Menschen ist sowohl kollektiv als auch individuell Liebe immer und unfehlbar der Schlüssel zu weisem Rat, rechter Entscheidung und segensreicher Handlung. Liebet einander!

»Es gibt kein größeres Einzelinteresse,
als die allgemeinen Interessen
zu den eigenen zu machen.«
Gottfried Wilhelm Leibniz

# 10. Teil

## Anleitung zum Glücklichsein

# Fürchte Dich nicht!

Mein lieber Freund, meine liebe Freundin, in Band II *Um Gottes willen und um deinetwegen* haben wir unsere Aufmerksamkeit ausschließlich der Angst gewidmet und auch in Band I *Des Menschen Wunsch und Gottes Wille* war viel von dieser schwerwiegendsten aller Folgen der Trennungsillusion die Rede. Die Angst ist und bleibt zentrales Thema für den, der Entwicklung sucht, denn das Maß seiner Angstfreiheit ist des Menschen untrügerischer Maßstab jeden Fortschritts. Was sonst? Wo keine Angst ist, da kann nur Liebe sein.

Nach Deinem Aufstieg wird die Angst als menschliche Erfahrungsrealität sicherlich nicht völlig vom Erdboden verschwunden sein, doch die Erweiterung der Fähigkeit zur Liebeswahrnehmung wird die Macht der Angst empfindlich treffen. Die Angstbereitschaft wird in ihrer Stärke und Bedeutung deutlich geschwächt, denn wo Liebe an Einfluss gewinnt, kann es nur einen Verlierer geben und das ist die Angst. Wie könnte es anders sein, wissen wir doch, dass Angst nichts anderes ist als die Abwesenheit von Liebe bzw. ihrer Wahrnehmung.

Auf Deinem Weg zur Erleuchtung wirst Du wesentlich weniger Angst aushalten müssen, ihr Druck wird deutlich nachlassen. Nun, im Grunde und in Wahrheit ist es anders, denn Du bist es, der sich verändert haben wird und nicht die Angst. Indem Du Deiner göttlichen Natur ein Stück näherkommst, bist Du dieses Stück weit ›immunisiert‹ gegen

Angst, Du bist weitaus besser gewappnet, denn Bewusstseinsanteile, die ihre Göttlichkeit erkennen, sind jenseits jeder Angstfähigkeit. Wo Gott Einzug hält, da löst jede Angst sich augenblicklich in nichts auf. Das ist wahre und einzig mögliche Erlösung, es ist keine Verschiebung, Verlagerung, Verschleierung oder Verleugnung von Angst: Es ist ihr Ende!

In Wirklichkeit wird also die Angst nicht etwa schwächer, sondern Du wirst stärker. Je größer und kraftvoller Du wirst, umso kleiner und machtloser erscheint Dir der Feind. Die Verfügbarkeit der Angst als Wahlmöglichkeit bleibt in Wirklichkeit dieselbe, doch sie verliert an Anziehungskraft für Dich. Je größer das Bewusstsein der eigenen göttlichen Natur, desto uninteressanter und unsinniger wird die Angst als Erfahrungsmöglichkeit. Sie entfernt sich von Dir. Da die Freiheit des Willens auf ewig verbürgt ist, stellt sich die Angst als mögliche Entscheidung nach wie vor zur Wahl, doch nun wird es erheblich einfacher sein, mit ihr umzugehen. Der illusionäre Charakter der Furcht wird sehr viel deutlicher zutage treten für den, der ihn erkennen will.

Die Illusion steht nach wie vor zur Auswahl, denn der Mensch will wählen können zwischen Licht und Dunkelheit. Die Wahl ist leicht und die Entscheidung zugunsten des Lichtes wird den Menschen weniger tief in die Illusion sinken lassen. Du lockerst und entschärfst sozusagen die Regeln für Dein Lebensspiel. Nicht nur, dass die illusionäre Natur der Angst klarer erkennbar wird, Du wirst Dich von vornherein sehr viel häufiger und selbstverständlicher gegen die Angst entscheiden. Viele Deiner inneren Schlachtfelder der Angst werden befriedet und Du kommst während Deiner Inkarnationen sehr viel mehr zur Ruhe. Du wirst

Dich also erheblich weniger aufreiben, zermürben und energetisch verausgaben im Laufe einer Lebenszeit. So manche Situation, die in der jetzigen energetischen Atmosphäre noch Angst auslöst, wird im Lichte der Erleuchtung ganz anders wahrgenommen. Du wirst Dir des herausfordernden Charakters der Situation deutlicher bewusst und erkennst die ihr innewohnende Chance zum Wachstum.

Da Du Dir Deines schöpferischen Potenzials weitaus bewusster bist, wirst Du Dich selbst nicht so schnell hinters Licht führen und Dich nicht länger als Opfer Deiner eigenen Schöpfungen sehen. Die größere Erkenntnis der eigenen Schöpferkraft schärft das Bewusstsein und den klaren Blick ebenso für die zerstörerische, zersetzende Gewalt der Angst wie für die segensreiche, erlösende Macht der Liebe. Macht ist Macht und wem sie gegeben, der kann sie nutzen, wie er will. Sonst wäre sie keine.

Diese Zusammenhänge zeigen sich Dir vermehrt und in aller Deutlichkeit. Klar und unmissverständlich zeigt sich Dir mehr denn je, dass Du das herbeirufst, was Du fürchtest, indem Du es fürchtest. Wie wir bereits an früherer Stelle festgestellt haben, werden die zeitlichen Wege von der Ursachensetzung bis hin zur Wirkung deutlich kürzer. Dieser Umstand wird das Durchschauen aller Mechanismen der Erschaffung von Erfahrungsrealität sehr vereinfachen. Die Macht, die die Angst dem verleiht, was gefürchtet wird, haben wir in den vorangegangenen Botschaften gründlich erforscht. An dieser Stelle sei darauf hingewiesen, dass sich an diesen Zusammenhängen auch im Zustand der Erleuchtung grundsätzlich nichts ändern wird, denn Deine Schöpferkraft bleibt ewig unangetastet. Du bist jedoch weniger anfällig für Irrtum und Illusion und so erkennst Du Gefahren und Fallstricke, wo sie Dich früher noch überwältigen konnten. Dir Deiner Macht mehr und mehr bewusst, wirst Du wissen, was Du tust, wenn Du Dich der Angst ergibst.

Im gesteigerten Bewusstsein Deiner Macht wirst Du Dich sehr viel eher davor hüten, dem Lockruf der Angst nachzugeben. Du wirst zu vorsichtig sein, um Dich zu fürchten, denn Angst haben wird Dir zu riskant sein. Du wirst lieber glücklich leben als gefährlich. *(Anm. der Verfasserin: Scherzhaft gesagt).* In der Tat, Du triffst eine kluge Wahl.

»Kein Dichter gibt einen fertigen Himmel,
er stellt nur die Himmelsleiter auf.«
Joseph von Eichendorff

# Sei frohen Mutes!

Meine liebe Freundin, mein lieber Freund, bei der Macht des Frohsinns geht es um weitaus mehr als nur um die angenehme Empfindung guter Laune. Frohsinn spiegelt eine grundsätzliche Einstellung sich selbst gegenüber, eine prinzipielle Grundhaltung gegenüber dem Leben als solchem und der eigenen Einbettung darin. Es ist alles andere als eine nebensächliche Randbemerkung, wenn wir sagen, dass Frohsinn, Heiterkeit und Humor die Bejahung des eigenen Seins bedeuten.

Freude ist göttliches Seinsattribut. Dies offenbart sich in der Tatsache, dass Frohsinn niemals gleichzeitig mit Angst auftreten kann. Da Freude an sich selbst und Freude am Leben Derivate der Liebe sind, ist dies völlig ausgeschlossen. Was liegt da näher, als Dir Frohsinn ans und ins Herz zu legen?

Wo Freude ist, da ist niemals Angst und deshalb kann auch niemals Irrtum sein, wo Freude ist. Frohsinn macht die Dinge leicht, weil er die Dinge wirklich macht. Diese Aussage bedarf der Erklärung: Frohsinn macht die Dinge deshalb wirklich, weil er ihnen die Bedeutung gibt, die der Schöpfer ihnen zugedacht hat. Mit anderen Worten: Frohsinn schafft eine Wahrnehmungsannäherung an die gottgewollte, natürliche Unschuld der Schöpfung. In Gott ist nichts Schweres, in Gott ist alles vollkommen, weil alles Teil von ihm ist.

Frohsinn und Humor lassen uns einen Hauch, eine Momentaufnahme der göttlichen Bedeutung von den Dingen erhaschen, die weder Last noch Bedrückung kennt.

Gottes Begeisterung für sich selbst, für seine Schöpfung, ist unermesslich und unerschöpflich. In der nie enden wollenden Anbetung seines eigenen Seins ist ewige Freude. Frohen Sinnes nimmt Gott sich selbst ernst, denn nichts weniger als unendliche Leichtigkeit wäre seiner würdig. In der Fröhlichkeit erkennt Gott sich selbst in Dir an, denn Frohsinn und Heiterkeit setzen Selbstbejahung voraus.

Frohsinn ist wahrhaft unendlich viel mehr als gute Laune. Er ist die Strömung, die Deinem Leben Auftrieb gibt und Dich mit göttlicher Leichtigkeit durchs Ziel trägt. In jedem Lachen sagt das Göttliche in Dir zu sich selbst: »Ja, ich habe mich erkannt!«

Guter Rat ist nicht etwa teuer, wie Ihr oftmals zu behaupten pflegt, guter Rat ist göttlich! Schon deshalb ist er immer und ausnahmslos geschenkt. Der Mensch ist immer gut beraten, dem Göttlichen in sich selbst Folge zu leisten. Einer dieser göttlichen Impulse, die sich Dir allzeit hilfreich anbieten, ist die Einladung zum Frohsinn. Es geht dabei sicher nicht um naive Schönfärberei oder furchtsames Verleugnen von Schwierigkeiten und Problemen. Wirkliche Fröhlichkeit hat nichts zu tun mit Selbstbetrug und Verdrängung, im Gegenteil, fordert sie doch die Anerkennung und Würdigung des gelebten Lebens in all seinen Facetten.

Wahrer Frohsinn geht von sehr tiefen Schichten des menschlichen Bewusstseins aus, er ist sozusagen eine spezifische Grundeinfärbung und somit individuelles Wesensmerkmal der Persönlichkeit. Die Fähigkeit zum Frohsinn setzt einen gewissen Bewusstseinsstand und damit ein gewisses Maß an Selbsterkenntnis voraus. Nur ein Bewusstsein, das der Liebe fähig ist, kann auch Heiterkeit empfinden.

Wie wir gesehen haben, ist Fröhlichkeit ein Derivat der Liebe und kann somit nicht getrennt von ihr auftreten. Es ist völlig unmöglich, sich selbst abzulehnen und dennoch heiteren Frohsinn zu empfinden. Der Frohsinn ist jedoch mehr als das. Er bietet dem Menschen eine allzeit begehbare Brücke zwischen sich selbst und seiner Außenwelt. Frohsinn und Humor schlagen deshalb Brücken von einem Bewusstsein zum anderen, weil sie die überlagerte Rückerinnerung des Gegenübers an seinen natürlichen, unbekümmerten Urzustand in der göttlichen Heimat reaktivieren.

Da Frohsinn Angstfreiheit gleichermaßen voraussetzt wie fördert, wirkt er wie ein Turbo, wie ein Beschleuniger für den Aufstieg in die neue Schwingungsqualität, die eine viel liebesbewusstere ist. Dieses gesteigerte Liebesbewusstsein wird auch dem menschlichen Frohsinn endlich den Platz einräumen, der ihm gebührt. Du wirst in der Tat mehr zu lachen haben, weil Du erkennst, dass Du allen Grund zur Freude hast. Je feinstofflicher die Erfahrungsebene, umso klarer das Bewusstsein und die Erkenntnis der Einheit mit Alles-was-Ist.

Die Glücklichsten sind die Gottnächsten und die Gottnächsten sind die Glücklichsten, denn niemals können Freude und Glückseligkeit einer anderen Quelle entstammen. So liegt denn der gute Rat im Umkehrschluss: Suche Dich selbst und finde Dich in Deiner Fröhlichkeit. Entscheide Dich für sie, denn heiteren Gemütes wendest Du Dich Deinem göttlichen Wesenskern zu und näherst Dich ihm an. Die hauchdünne Erinnerung an die himmlische Leichtigkeit des

Seins nimmt der Erdenerfahrung viel von ihrer bedrückenden Schwere und trägt Dich leicht beschwingt zum Ziel. Dein Frohsinn, der Deines Schöpfers Freude an sich selbst ist, führt Dich geradewegs zu Deinem himmlischen Ziel.

»Die Ankunft eines guten Clowns
ist für eine ganze Stadt heilsamer
als die Ankunft von dreißig mit
Medikamenten beladenen Eseln.«
Thomas Sydenham

# Bleibe neugierig!

Mein lieber Freund, meine liebe Freundin, über die geistigen Mechanismen der Erschaffung von Erfahrungsrealität haben wir in unseren vorangegangenen Botschaften immer wieder ausführlich gesprochen. Sobald der Mensch auf neuen inneren Pfaden wandelt, kann, muss und wird es auch in seiner äußeren Erfahrungswelt zu Anpassungen und Veränderungen kommen, denn wenn der Geist befiehlt, gehorcht die Materie.

Da jeder Transformation in der physischen Außenwelt ein innerer Wandel vorausgehen muss, ist hier also von der gestalterischen Schaffenskraft des Neuen im eigenen Bewusstsein die Rede. Die schöpferische Macht des Neuen ist ein Daseinsaspekt menschlichen Lebens, der sehr zu Unrecht mehr gefürchtet als geehrt wird. Es ist zutiefst menschlich, die eingetretenen, vertrauten Pfade den neuen und unbekannten vorzuziehen. Die Furcht vor dem Unbekannten wird auf Deinem Weg zur Erleuchtung in großem Maße einer zuversichtlichen, vertrauensvollen Neugier weichen.

Es ist vollkommen logisch, dass der Mensch sich umso sicherer fühlt, je klarer und ausgeprägter das Bewusstsein seiner göttlichen Herkunft und damit seiner unangreifbaren Identität ist. Die Freude und Lust am experimentellen Umgang mit dem Selbst und seinen schöpferischen Kräften sind zutiefst in der Natur des Menschen angelegt, denn dies liegt ganz und gar in seinem ureigensten Interesse. Was könnte dem heiligen Anliegen des Bewusstseins, seinem göttlichen Drang nach Selbsterkenntnis, mehr entgegenkommen als die Lust an der Selbsterforschung?

Der spielerische Umgang mit dem eigenen Potenzial, das Sich-selbst-Ausprobieren, ist zutiefst lebensnotwendig, denn der ewige Wandel liegt der Natur allen Seins zugrunde. Schlussendlich ist die Faszination des Neuen auch die Deiner Erleuchtung zugrunde liegende schöpferische Motivation.

Die Zeiten der Unterdrückung der ›Lust am Selbstversuch‹ gehen nunmehr zu Ende. Die erweiterten Wahrnehmungsparameter der Liebe dehnen das Feld der Möglichkeiten für den Menschen deutlich aus. Mit anderen Worten: In der Erweiterung der Wahrnehmung seiner selbst kann der Mensch sehr viel mehr ausprobieren als bisher, ohne das Risiko des Identitätsverlustes einzugehen. Zusätzliche Aspekte werden als Teil des eigenen Selbst erkannt und akzeptiert. Bildlich gesprochen könnte man sagen, dass Du Dich weiter innerhalb Deines Selbst hinauswagen kannst, ohne Dich zu verirren.

Du fühlst Dich auch dann sicher, wenn Du auf unbekannten Wegen und verschlungenen Pfaden wandelst. Dieser Aspekt des Aufstiegs ist tatsächlich eines der größten, folgenreichsten und schönsten Geschenke Gottes an den Menschen. Das Leben wird ungleich reizvoller, interessanter und spannender und dennoch weniger Unsicherheit und Verwirrung auslösen.

Wir wollen an dieser Stelle erneut den Blick auf das Wesentliche richten, auf die Liebe, die sowohl Ursache als auch Wirkung jeder wirklichen Transformation und Heilung ist. Wo die Liebe sich regt, da bleibt nichts unbewegt.

Dein geklärtes Bewusstsein für Deine eigene göttliche Identität lässt ganz selbstverständlich auch die Erkenntnis Deiner ewigen, sicheren Einbettung im unendlichen Sein von Alles-was-Ist wachsen. Ganz einfach ausgedrückt könnte man sagen, dass Dir sehr viel bewusster ist, dass Dir nichts passieren kann. Nie und nimmer! Das Erkennen des illusionären Charakters von Gefahr wächst mit dem Bewusstsein Deiner wirklichen Identität. Im Wissen, dass Du immer nur gewinnen kannst, macht das Ausprobieren Spaß.

Aber es soll uns bei unseren Ausführungen zu diesem Thema noch um eine andere Facette gehen, die an dieser Stelle Beachtung finden will. Die Macht des Neuen ist deshalb so groß und bis dato übrigens weitgehend unverstanden, weil sie frei ist. Das Neue ist frei und damit unbelastet von Erfahrungswerten. Der Mensch, der es wagt, sich selbst in einem gewissen Persönlichkeitsanteil neu zu definieren, weiß nicht, wie es endet. Er ist nicht festgelegt in seiner Erwartungshaltung, also unvoreingenommen. Dies bedeutet, dass er sich selbst sozusagen zum unbeschriebenen Blatt erklärt, sich selbst nicht im Wege steht und sich völlige Wahlfreiheit zugesteht. Er kann sich selbst neu erschaffen.

Nichts weniger als das tust Du, wenn Du Dich Neuem, Fremdartigem und Unerprobtem in Dir öffnest und hingibst. Diese wahrhaft heiligen Augenblicke völliger geistiger Unvoreingenommenheit kommen der vollkommenen Freiheit göttlichen Seins sehr nahe. Dies ist immer dann der Fall, wenn Du Dir erlaubst, Dich in Deinem Selbstbildnis infrage zu stellen und Dich für die Möglichkeit zu öffnen, dass Du Dich vielleicht über Dich selbst geirrt hast und mehr bist, als Du bis dahin geglaubt hast – etwas, wovon Du noch nicht wusstest, dass Du es bist. Immer dann, wenn Du Dich fragst, ob dieser oder jener Wesensaspekt, von dem Du gedacht hast, dass er nicht Teil Deiner Person ist, nicht vielleicht doch in Dir ist, dann ist er es. Wäre er es nicht, könnte er sich in Dir nicht zur Diskussion stellen.

Was nicht ist, kann nicht nach sich selbst fragen. Mit der unbekümmerten, freudigen Lust, die eines Kindes Gottes würdig ist, wirst Du sehr viel mehr nach Dir selbst fragen. Der Schöpfer erkundet sich selbst in seiner Schöpfung, die sich selbst in ihrem Schöpfer erkundet, denn siehe, Du und Er, Ihr seid eins.

»Wir brauchen nicht so fortzuleben,
wie wir gestern gelebt haben. Macht euch
nur von dieser Anschauung los, und tausend
Möglichkeiten laden uns zu neuem Leben ein.«
Christian Morgenstern

# Sei offen für neue Sichtweisen!

Meine liebe Freundin, mein lieber Freund, in unseren vorherigen Ausführungen war die Rede von den transformierenden Kräften neuer Sichtweisen auf das Selbst, von den wundervollen Wirkungen einer Erweiterung der Selbstwahrnehmung. Der Aspekt, dem wir uns nunmehr zuwenden, ist diesem vorgenannten ähnlich und ihm nahe verwandt, jedoch mit einem entscheidenden Unterschied. Es geht an dieser Stelle um die Chancen und Angebote zur Selbstausdehnung, die, zumindest scheinbar, von außen an den Menschen herangetragen werden.

Die vorhin erwähnte Abneigung des Menschen und sein Misstrauen gegenüber dem Neuen und Unbekannten wird ebenso, wenn nicht sogar vermehrt, angesichts von außen kommender fremdartiger Impulse und Ideen geweckt. Es liegt in der Beschaffenheit der Dualität, dass von außen Kommendes nicht als das Eigene erkannt wird.

Wie wir bereits gesehen haben, wird die Spiegelfunktion der Außenwelt grundsätzlich einfacher zu durchschauen sein. Die Öffnung des Geistes für anfänglich Unbekanntes und vielleicht sogar Befremdliches wird also einfacher, weil sie weniger angstbesetzt ist. Was mit Dir zu tun hat, das fürchtest Du nicht. Je umfassender Deine Selbstwahrnehmung, desto weniger wird Dich in Angst versetzen. Das Angebot einer neuen Sichtweise ist immer und ausnahmslos ein Geschenk. In gewisser Hinsicht ist es das größte Geschenk, das man Dir machen kann, denn es ist eine Chance zur Selbsterkenntnis.

Jeder Hinweis auf eine neue Blickrichtung ist ein Angebot zur Wahl, eine Aufforderung zur Entscheidung, vergleichbar einer Weggabelung. Du kannst Dich entscheiden, zu einer neuen, größeren Definition Deiner Identität zu gelangen. Dir steht es aber ebenso frei, das Dir Angebotene zu verwerfen und abzulehnen. Auch in diesem Falle hat eine Selbsterweiterung stattgefunden, denn nunmehr hast Du Dich selbst durchsucht und bist Dir bewusst, was Du nicht bist beziehungsweise zu diesem Zeitpunkt nicht sein willst.

Die von Dir benötigte und geforderte Offenheit ist eine der größten Herausforderungen des Aufstieges an den Menschen. Der Abschied von alten inneren Mustern und Strukturen, die zum Teil über Äonen bestanden haben, wird mehr und mehr als Deiner Entwicklung dienlich erkannt, wo noch vor wenigen Jahren ein krampfhaftes Festklammern proklamiert wurde. Die nachlassende Furcht vor dem Wandel ist ein gültiger Beweis für Fortschritt und Aufstieg, denn je höher die Schwingung, desto unerschütterlicher das natürliche Sicherheitsgefühl. Du übst Dich sozusagen in der Öffnung für Neues und Fremdartiges und findest langsam Gefallen daran. Der sprichwörtliche Reiz des Neuen wird mehr und mehr Deiner Furcht davor überwiegen. *(Anm. der Verfasserin: Scherzhaft gesagt).* Der Einfluss von Neuem ist niemals so folgenreich wie im konkreten irdischen Alltagsleben. Die reale Konfrontation mit den Dingen macht sie für Dich erst wirklich. Mit anderen Worten: Du glaubst und erkennst nur das an, was Du in Erfahrung umsetzt. Im Umkehrschluss bist Du natürlich auch nur in der Lage, dasjenige in erfahrbare Realität umzusetzen, was Du als gültig anerkennen willst. In diesen Zeiten der Annäherung an Gott bereitest Du Dich vor, indem Dir vermehrt in Deinem Leben ›Dinge passieren‹. Du erschaffst Umstände und Ereignisse, die Dich in innere Aufruhr versetzen und das vormals feste Gefüge Deines Identitätsgefühls durcheinanderwirbeln.

Du kommst nicht zur Ruhe und bist ständig gezwungen, Dich neu zu ›sortieren‹ und die innere Orientierung neu auszurichten. Du siehst Dich aufgefordert, Dich ständig aufs Neue zu ›aktualisieren‹. Diese Aufweichung des festgefügten Ich-Konzeptes hat eine Offenheit für neue Impulse, Ideen und Informationen von außen zur Folge.

Viele von Euch mögen sich verletzlicher und anfälliger fühlen, doch das genaue Gegenteil ist der Fall. Diese innere Öffnung, die noch vor gar nicht allzu langer Zeit undenkbar gewesen wäre, kommt einem Quantensprung individueller wie auch kollektiver Entwicklung und Reifung gleich. Du kannst keine Erleuchtung erwarten und erreichen, ohne Dich zu verändern. Du bist der Aufstiegserfahrung schöpferischer Urheber und nicht etwa ihr passiver Dulder. Magst Du Dich auch auf wackeligen Beinen fühlen, so gehst Du dennoch sicheren Schrittes Deinem Aufstieg entgegen. Deine Schritte werden in dem Maße fester, in dem das Bewusstsein für Selbstliebe und Eigenwert sich verankert.

Niemand übt so nachhaltig Einfluss auf Dich aus wie diejenigen, denen Du in Liebe verbunden bist. Viele der alten Gedankenstrukturen, Wertvorstellungen und Glaubensmuster fliegen Dir in diesen Tagen regelrecht um die Ohren. Wenn der vielbeschworene Generationenkonflikt als solcher sicherlich nicht neu ist, so ist in diesen Zeiten doch so manches anders und viele von Euch spüren, dass die

Dinge diesmal über ›das Übliche‹ hinausgehen. Dein weitaus ausgeprägteres Gespür für Deinen eigenen Selbstwert erlaubt ein Vertrauen in die eigene Macht und Kraft, wie es Dir vormals im Allgemeinen kaum möglich war.

Will man ein neues Ziel erreichen, dann muss man einen neuen Weg beschreiten. Deine Saat ist ausgebracht, sie wird aufgehen und reichlich Früchte tragen.

»Der menschliche Geist kehrt, wenn er
von einer neuen Idee gefordert wurde,
nie in seine Ausgangsposition zurück.«
Oliver Wendell Holmes

# Definiere Dein Glück!

Mein lieber Freund, meine liebe Freundin, an dieser Stelle geht es um die Bedeutung Deiner persönlichen Zielsetzung und vor allem um die diesbezügliche innere Klarheit.

Der Mensch ist und war schon immer ein zielstrebiges Wesen. Der Drang, gewissen Zielen zu folgen, ist sozusagen eine unvermeidliche Folge der Dualität, da sie durch die Illusion von Trennung und Abspaltung die Wahrnehmung von Mangel auslöst und somit auch das Bestreben nach Heilwerdung, also nach Wiederherstellung der Ganzheit impliziert. Auch ein erleuchteter Geist ist nach wie vor einer Form der Dualität – wenn auch einer ›entschärften Variante‹ – unterworfen. Solange Materie ist, wird auch Dualität sein, denn beide bedingen sich gegenseitig.

Die grundsätzlichen Prinzipien der Spielwiese Eurer Erfahrungsplattform bleiben also unverändert. Der Mensch wird weiterhin kraft seines Willens Erfahrungsrealität hervorbringen und mit Absicht und Zielstrebigkeit erschaffen, genauso wie dies immer schon der Fall war. Der große Unterschied ist der, dass Du es nun weitaus bewusster tun wirst, bewusster aber bedeutet machtvoller. Das erweiterte Bewusstsein der eigenen göttlichen Identität und die folgerichtige Anpassung der Selbstliebe und des Eigenwertes werden zwingend in gleichem Maße die Erkenntnis des wahren schöpferischen Machtpotenzials nach sich ziehen. Die Tage Deiner massiven Unterschätzung und Unterbewertung menschlichen, schöpferischen Potenzials sind gezählt. Eben weil dem so ist, muss auf die enorme Bedeutung der geistigen Klarheit in Bezug auf menschliche Absicht und Zielsetzung hingewiesen werden.

Wenn das Bewusstsein der Schöpferkraft zunimmt, dann gewinnt auch die Klarheit bezüglich der Absicht an Macht. Die innere Klarheit verleiht der schöpferischen Energie, die dem Ziel entgegenstrebt, eine Stoßkraft, wie sie in dieser Stärke nur in der Konzentration des Geistes auf das gewisse Ziel gefunden werden kann. Klarheit über Absicht und Ziel ist eine der mächtigsten Formen der Energiebündelung.

Es versteht sich von selbst, dass es nur dort Klarheit geben kann, wo weder innerer Widerspruch noch uneingestandener Widerstand herrschen und boykottierend einwirken. Da und dort, wo der Mensch mit sich selbst einig ist, eins mit seinem Ziel, kann die Klarheit ihr volles schaffendes Potenzial entfalten und zum Ziele führen. Der Mensch, der hin- und hergerissen wie ein Fähnchen im Winde weht, muss erst sich selbst erforschen und die Gründe für die Unklarheit durchleuchten, bevor er seinen vermeintlichen Zielen näherkommen kann. Dabei sollte die Möglichkeit, dass er sich in Hinblick auf das Ziel über sich selbst geirrt hat, niemals außer Acht gelassen werden. Anders ausgedrückt, vielleicht bist Du richtig und Dein Ziel ist es nicht? *(Anm. der Verfasserin: Scherzhaft gesagt).*

Macht ist Macht und niemand ist da, der Dir vorschreibt, wie Du sie zu nutzen hast. Macht wirkt gleichermaßen in alle Richtungen. Dies bedeutet, dass die verwirrende, zermürbende und kräftezehrende Wucht der Unklarheit bezüglich Deiner Absichten ebenso an Einfluss zunehmen kann wie die Potenzierung der Schöpferkraft durch die Klarheit. Immer wirst Du die Wahl haben. Klarheit in Bezug auf Deine Absichten und Ziele ist im Grunde und in Wahrheit nichts anderes als konsequentes Sein.

Klarheit ist innere Unbestechlichkeit in Bezug auf das eigene Ich und setzt einen gefestigten, offenen und liebenden Blick auf die eigene Identität voraus. Somit entspringt sie nicht nur einer gefestigten Persönlichkeit, sondern fördert sie gleichermaßen.

In Klarheit mit sich selbst zu sein und zu bleiben, ist eine Aufforderung zur Freundschaft mit sich selbst und zur Treue dem eigenen Ich gegenüber. Sie fördert die Eindeutigkeit des Identitätsgefühls und führt deshalb zu innerem Frieden und Gelassenheit. Die Sorgfalt im Umgang mit Dir selbst sollte Dir allzeit die Bedeutung der inneren Klarheit vor Augen halten, denn sie schenkt Dir einen Zustand ruhiger Ausgeglichenheit, der Dich mühelos Deinen Zielen entgegenträgt – ganz so, wie es eines Wesens würdig ist, das um seine göttliche Schöpferkraft weiß.

»Ein lebhafter Geist ist kein Vorzug, wenn er nicht klar denkt: Eine Uhr ist nicht gut, weil sie schnell, sondern weil sie richtig geht.«
Luc de Clapiers Vauvenargues

# Lass es gut sein!

Meine liebe Freundin, mein lieber Freund, in dieser Empfehlung geht es um einen der machtvollsten Aspekte menschlicher Schöpferkraft überhaupt: um die gestaltende, in höchstem Maße aktive Macht der scheinbaren Passivität. Es gibt kaum etwas, womit sich der Mensch schwerer tut als mit dem Loslassen, denn der Drang des Ego nach Kontrolle, Sicherheit und Einfluss ist gewaltig. In Unkenntnis der wahren Zusammenhänge und in Ermangelung der übergeordneten Sicht will es allzeit handelnd eingreifen. Im irrigen Glauben an seine eigene Gültigkeit unterliegt das Ego dem Wahn, die Geschicke leiten und der göttlichen Allmacht Grenzen setzen zu können.

Wie wir in Band I *Des Menschen Wunsch und Gottes Wille* gesehen haben, glaubt das Ego an sich selbst und damit an die Möglichkeit einer vom Schöpfer losgelösten und getrennten Einzelexistenz. In diesem Wahn von Trennung, Verlassenheit und Einsamkeit muss das Ego folgern, dass es aktiv sein und handeln muss, um seine Existenz und seine Interessen zu schützen und durchzusetzen. Im Konzept des Ego kann ewig nur Überlebenskampf sein. Der Angriff, die real empfundene Bedrohung des Seins, ist die logische und unausweichliche Folge der Trennungsillusion. Wenn es ein getrenntes Ich gibt, dann muss alles andere außerhalb existierendes Nicht-Ich sein und somit eine existenzielle Gefahr für das Ich darstellen. Innerhalb dieses irrigen Existenzkonzeptes ist das Prinzip des Loslassens in der Tat unlogisch, bedrohlich und unvernünftig. Wenn es ein getrennt existierendes Ich gäbe, dann wäre es in der Tat für dieses Ich geradezu fatal, die Gewalt über seine Geschicke aus der eigenen Hand zu geben. Das Ego handelt also aus Sicht seiner eigenen Position heraus vollkommen schlüssig und angemessen. Die ganze Sache hat, wie wir wissen, nur einen ausschlaggebenden Haken: Das Ego selbst ist Illusion.

Der Denkfehler liegt sozusagen in dem, der denkt, dass er denkt und so kann auch der hervorgebrachte Gedanke nur Irrtum sein. *(Anm. der Verfasserin: Scherzhaft gesagt).* Was nicht wirklich ist, kann auch keine ›wirklichen Gedanken‹ hervorbringen. Konzepte der Illusion können immer nur illusionär sein, denn nichts kann jemals etwas anderes als sich selbst hervorbringen. Das Loslassen ist also ›nur‹ für das Ego schwierig, für die übergeordnete, wirkliche Instanz Deines Seins ist es völlig natürlicher Handlungsimpuls. Mit anderen Worten: Loslassen ist Handlung aus dem Höheren Selbst heraus. Loslassen ist Handlung auf höchster Ebene. Auf höchster Ebene handeln ist auf höchster Ebene sein.

Der natürliche, göttliche Zustand müheloser Leichtigkeit wird nirgendwo so deutlich wie im Loslassen. Dass Dir kaum etwas so viel Mühe macht wie die Mühelosigkeit ist Sache des Ego und nicht Sache Gottes. *(Anm. der Verfasserin: Scherzhaft gesagt).* Die Dinge können nur da und dort mühevoll sein, wo das Bewusstsein der eigenen schöpferischen Allmacht fehlt. Im Höheren Selbst ist das Bewusstsein der eigenen Macht allumfassend und uneingeschränkt.

Loslassen ist das sanfte Flüstern der göttlichen Stimme in Dir. Wer weiß, dass seinem Willen unfehlbar Folge geleistet wird, hat keinen Grund zu schreien. Das Göttliche weiß um seine Allmacht. Loslassen ist immer und ausnahmslos die weiseste Entscheidung, die Du treffen kannst. Wenn Du die Wahl triffst, die Dinge loszulassen, entziehst Du dem Ego die Entscheidungsgewalt und legst die Macht ganz bewusst in die Hände, in die sie gehört. Nun meine lieben Freunde, beim Göttlichen ist sie ohnehin und der Glaube des Ego an seine Macht kann an der Wirklichkeit der Dinge nichts ändern. Doch durch die Anerkennung dieser Wirklichkeit schaffst Du den für Dich entscheidenden Unterschied: Du machst Deinem Leid ein Ende!

Alles Leid und aller Schmerz entstehen aus dem wahnhaften Bemühen des Ego, Wirklichkeit zu leugnen und anzugreifen. Dies ist ewig unmöglich, wie wir wissen, kann die Wirklichkeit niemals versehrt werden. Wirklichkeit ist aus Gott und was aus Gott ist, das ist ewig jenseits jeglicher Bedrohung. Jede Form des Angriffs prallt ab und kehrt schließlich zum Angreifer selbst zurück, damit er seinen Wahn erkennen möge. Da der Angreifer selbst an die gültige Wirklichkeit seines Angriffs glaubt, kann er der selbst zugefügten Verletzung nicht entgehen. Die Unantastbarkeit des freien Willens ist auf ewig garantiert und von Gott selbst gesichert.

Das Loslassen, das Aktiv-passiv-Sein, ist für den Menschen eine Herausforderung von großer Tragweite, denn passiv ist in diesem Falle lediglich das Ego. Das Göttliche kann niemals ohne Einfluss sein, weil es immer und überall wirklich und somit gültig ist. Anders als der Einfluss des Ego, das aufgrund seiner illusionären Natur ein- und ausgeblendet werden kann, kann die Wirkung des Göttlichen niemals ausgeschaltet werden. Jeder Akt des Loslassens ist für das Ego ein empfindlicher, bedrohlicher Schlag, der es seinem Ende näherbringt und deshalb fürchtet das Ego nichts so sehr, wie wenn Du Dich entspannt und zuversichtlich zurücklehnst und die Geschicke der göttlichen Führung in Dir überantwortest. Deine veränderte Wahrnehmung im Lichte des Göttlichen wird die wirkliche Tragweite des Loslassens ans Licht bringen und den Menschen erkennen lassen, dass das, was er für Passivität gehalten hat, die höchste Form der Aktivität ist, derer er fähig ist.

Loslassen bedeutet schlussendlich, dem Ego das Vertrauen zu entziehen und es an höherer Stelle zu investieren. Hierin liegt ungeahntes und weitgehend unverstandenes Aufstiegspotenzial, denn es ist wahrhaft unermesslich. Loslassen ist so machtvoll, weil es inmitten der Dunkelheit die unumstößliche Gewissheit um das Licht postuliert. Loslassen ist gelebtes, heiliges Gebet. Kürzer kann die Entfernung von Mensch zu Gott innerhalb der Materie nicht sein.

Solange der Mensch auch Ego ist, wird es Mut brauchen, sich dem Göttlichen zu überantworten. Dies macht die Ehre, die dem gebührt, der es tut, wahrhaft grandios. Du wirst mehr und mehr erkennen und erfahren, dass es ungleich gefährlicher und schmerzhafter ist, sich dem Ego und seinen absurden Horrorkonzepten von Mangel und Gefahr anzuvertrauen als dem vollkommenen Ratschluss der allumfassenden Liebe. Du und Dein Schöpfer, Ihr seid eins, was also liegt näher, als ihn zu fragen? Was Gott tut, das ist vollkommen getan. So ist es, denn so will es sein. Loslassen ebnet Dir den Weg ins Licht und dieser Weg ist gottgewollt. Was aber gottgewollt ist, das ist menschenmöglich.

# Lebe, was Du lehren willst!

Mein lieber Freund, meine liebe Freundin, lebe, was Du lehren willst. Warum ist dies so wichtig? Nun, es ist deshalb so wichtig, weil es unmöglich ist, Werte und Lebenskonzepte zu vermitteln, wenn man sie nicht lebt. Wie, wenn nicht durch das gelebte Beispiel, könnte man sie vermitteln und weitergeben?

Wer seine Werte nicht lebt, der kann nicht wirklich von sich behaupten, welche zu haben, denn was der Mensch wirklich liebt, das strebt er an und dem eifert er nach. Hier geht es also in erster Linie um Glaubwürdigkeit. Wo ein Wert, ein Lebenskonzept auf der Ebene des reinen Lippenbekenntnisses gelebt wird, da nimmt der Mensch sich selbst nicht wirklich ernst. Wie kann er es dann von anderen erwarten?

Das Wort ›Wert‹ definiert sich selbst über die ›Werthaftigkeit‹, die ihm gegeben und zugesprochen wird. Wenn Du Dir über Deine wahren Werte im Leben im Unklaren bist, dann verfolge Dein Leben und sieh es Dir an. Worin investierst Du Deine Energie? Worin Deine Lebenszeit? Worin Deine Liebe? Und – ja auch – worin Dein Geld? *(Anm. der Verfasserin: Scherzhaft gesagt)*.

Wer seine Werte nicht lebt, der löst sie los von ihrer natürlichen Sinnhaftigkeit. Nicht gelebte Werte sind sinnlos, im wahrsten Sinne des Wortes. Nicht gelebte Werte können nicht mehr als solche erkannt werden, da sie unsichtbar gemacht sind sowohl für den ›Geber‹ als auch für den ›Nehmer‹. In Grundgesetzen, Verfassungen und Menschenrechtskonventionen hält die Menschheit ihre Werte fest und postuliert sie, doch die Welt lebt sie nicht bzw. nur bedingt. Wie wir bereits an anderer Stelle sagten: Würde die Welt sie leben, dann brauchtet Ihr sie für niemanden aufzuschreiben. Wer jedoch seine Werte nicht lebt, der macht nicht etwa den Wert, sondern vielmehr sich selbst unglaubwürdig. Ein Wert ist ein Wert und spricht für sich selbst, wie alles und jedes immer und unfehlbar für sich selbst spricht. Die Dinge sind, was sie sind. Punktum. *(Anm. der Verfasserin: Scherzhaft gesagt).*

Was aber ist es, das so vielen Menschen das Leben ihrer Wertvorstellungen so schwierig zu machen scheint? Warum tun wir uns oftmals so schwer damit, unsere Werte vor aller Welt Augen zu leben? Nun, die unvorstellbare Macht und vollkommene Weisheit der Liebe sind in dieser Welt noch drastisch unterbewertet. Was, wenn nicht Liebe, könnte jemals die Wurzel und Basis aller Werte sein? Es fehlt der Welt an Vertrauen in die Liebe selbst und damit an Vertrauen in ihre heilsamen und vollkommenen Segnungen.

Über die Aufwertung der Liebe sprachen wir bereits. Der Mangel an Vertrauen in die eigenen Werte tritt hier deutlich zutage als ein Mangel an Vertrauen in die eigene Identität als ein aus und durch Liebe geschaffenes Lichtwesen. Der absurde und fatale Glaube, Liebe sei wehrlos, angreifbar, naiv und schwach, ist in dieser Welt noch längst nicht ausgemerzt. Doch, wie wir zu betonen nimmer müde werden, kann die Bedeutung, Macht und Kraft der Liebe niemals begriffen, geschweige denn überbewertet werden. Die unermessliche Bedeutung der Liebe kann in ihrer ganzen Dimension, Tragweite und Bedeutung niemals vermittelt und gelehrt werden, es sei denn, sie wird erfahrbar gemacht.

Das Vertrauen in die Allmacht der Liebe, die wahrlich allmächtig ist, wächst mit den Erfahrungen und ihrer Erfahrbarkeit. Der Mensch fürchtet naturgemäß das, was er nicht kennt und die Erfahrungen der Welt mit der Liebe sind noch sehr rudimentär. In dieser Hinsicht steckt Ihr sozusagen noch in den Kinderschuhen. *(Anm. der Verfasserin: Scherzhaft gesagt).*

Wenn Ihr Euren Wertvorstellungen entsprechend lebt, dann tut Ihr nichts anderes, als die Liebe in ihrer Eigenart zu erkunden und zu erforschen. Ihr erprobt sie, stellt Versuche mit ihr an und übt Euch an und mit ihr. Ihr ›probiert sie aus‹. Weiser kann ein Mensch niemals handeln. Wie wir bereits an früherer Stelle festgestellt haben: Liebe ›funktioniert‹!

Es ist ewig und allezeit völlig unmöglich, eine andere Erfahrung mit der Liebe zu machen als diese. Liebe überfordert niemals, nie verlangt sie etwas anderes, als was erkannt und gewollt ist. So könnt Ihr behutsam und harmonisch in die Glückseligkeit der Liebe hineinwachsen, eben in dem Maße, in dem Ihr in der Lage und imstande seid, Glück zu ertragen und zu wollen. Was, wenn nicht Glück, könnte der Mensch wollen, der sich selbst liebt? Und was, wenn nicht Glück für sich selbst und die ganze Welt, könnte der Mensch wollen, der seinen Werten nacheifert, sie anstrebt und sie nach bestem Wissen und Verständnis lebt?

# Gib Dich selbst niemals auf!

Meine liebe Freundin, mein lieber Freund, ›Gib Dich selbst niemals auf!‹, lautet unsere nächste Lebensmaxime. Selbstaufgabe hat viele Gesichter, zumindest auf den ersten Blick, doch letztlich kann sie immer nur auf das Aufgeben der Selbstliebe gründen.

Wenn der Mensch sich selbst die Liebe entzieht, dann hat er sich wahrlich selbst aufgegeben und verlassen. Selbstaufgabe ist deshalb so schmerzlich und unheilvoll, weil sie die Abspaltung des Menschen von seinem eigenen inneren Wesenskern impliziert. Die liebevolle Akzeptanz dessen, was Du bist, ist unerlässlich und unersetzlich für Lebensglück und Erfüllung. Des Herzens schmerzlichster Begehr liegt in der liebevollen Umarmung des Selbst durch das Selbst. Es gibt in dieser Welt wohl kaum eine tragischere Verwechslung als die der Konzepte von Selbstliebe und Egoismus. Wir wollen an dieser Stelle gerne auf diese in ihrer Bedeutung nicht zu unterschätzende Unterscheidung zurückkommen.

Blinder Egoismus kann sich immer nur da und dort entwickeln und ausbreiten, wo es an Selbstliebe mangelt. Wo es an der echten Liebe zum Ich fehlt, da kann Egoismus sein zerstörerisches Unwesen treiben, denn ein Mensch, der sich selbst die Liebe verweigert, wird immer versucht und bestrebt sein, die innere Lücke und den Mangel aufzufüllen und auszugleichen. Ein solchermaßen leidender Mensch kann nur ständig bemüht sein, bei anderen zu suchen und zu nehmen, was er sich selbst vorenthält.

Selbstliebe jedoch gesteht dem Menschen freudig zu, was das Herz braucht und will. Hier herrscht kein schmerzlicher Mangel und somit gibt es keinerlei Begründung für Missbrauch und Ausbeutung anderer. Im Gegenteil, wer sich selbst liebt, der kann diese Liebe vermitteln, lehren, verschenken und weitergeben. Der Selbstliebe folgt immer und unfehlbar die Nächstenliebe auf dem Fuße.

Wenn die liebende Akzeptanz des Selbst Schaden leidet, dann herrscht Selbstaufgabe. Wo aber Selbstaufgabe regiert, kann nur das Wiederfinden zur Eigenliebe Heilung bringen und der Zerrüttung des Herzens ein Ende bereiten. In letzter Konsequenz kann es niemals unberechtigte Gedanken oder Gefühle geben. Jede Regung des Geistes und des Gemütes ist angemessen und verständlich, wenn man ihren Werdegang sieht und versteht. Sind Gedanken und Gefühle liebloser, also zerstörerischer Natur, dann kann nur die bedingungslose Akzeptanz in liebevollem Umgang Abhilfe schaffen und Heilung bringen. Verständnisvoller und geduldiger Umgang mit sich selbst sind die Eckpfeiler der Selbstliebe. Wo der Weg mit Furcht gepflastert ist, da führt er nie nach Hause.

Wenn der Mensch sich vor sich selbst, vor seinen eigenen Gedanken und Gefühlen fürchtet und sie ohne Selbstverständnis und Respekt vor der eigenen Person ablehnt, dann folgen die Schuldgefühle auf dem Fuße. Schuld führt jedoch nie zur Heilung, weil sie die Angst mehrt, von der Liebe abspaltet und den Status quo erhärtet. Hier führen liebevolles Verständnis und furchtlose Analyse der Sachlage weitaus besser, direkter und vor allem schmerzlos zum Ziel. In dem Wort ›Selbstaufgabe‹ liegt die Aufgabe, die immer nur darin bestehen kann, wieder zu sich selbst zu finden und sich selbst zu lieben in seinem ganzen wundervollen Sosein. *(Anm. der Verfasserin: Ein schönes Beispiel für die Weisheit der Sprache).*

Je mehr Du Dich selbst in Deinem Sosein akzeptieren und liebevoll annehmen kannst, desto einfacher wird es Dir fallen, Deinen Mitmenschen das gleiche Verständnis und dieselbe Akzeptanz entgegenzubringen. Liebe bietet immer und ausnahmslos die Lösung auf allen Ebenen. Liebe ist die Lösung!

»Selbstliebe ist das stärkste,
heiligste Band, welches uns mit der
Menschheit verbindet und zusammenhält.«
Heinrich Martin

# Bereue nichts!

Mein lieber Freund, meine liebe Freundin, Reue geht immer einher mit mehr oder minder bewussten Gefühlen der Scham und der Schuld. Wie wir bereits des Öfteren über Schuld sagten, ist sie immer destruktiv, denn die Schuld spaltet von der Liebe ab. Mit der Reue und der Scham ist es nicht anders. Reue und Scham verlagern die emotionale Energie aus der Gegenwart zurück in die Vergangenheit und binden sie dort.

Wer in Reue, Scham und Schuld verhaftet ist, der ist geblendet für die Tatsache, dass der Kraftpunkt für die Veränderung der Dinge immer in der Gegenwart liegt und einzig hier liegen kann. Reue, Schuld und Scham haben eine regelrecht hypnotische Wirkung. Wie gebannt starrt der Mensch auf scheinbare Vergehen und Mängel. Die Energie, die zur Veränderung des Status quo gebraucht wird, ist in der Vergangenheit und der Verhaftung an sie blockiert. Der positive Erfahrungswert dessen, was bereut wird, wird verleugnet.

Hier finden wir erneut eine Verzerrung der Wahrnehmung, wie immer, wenn die Dinge ohne Liebe angesehen und beurteilt werden. Die Lösung des Problems kann auch hier, wie immer, nur in der Liebe gefunden werden: Wer aus seinen Erfahrungen das moralische Werturteil herausnimmt, dem eröffnen sich die Dinge aus einer völlig anderen und neuen Sichtposition. Ohne die Gefühle von Schuld, Scham und Reue kann die Energie der Erfahrung freigesetzt werden. Nun wird sie nutzbar für die Anpassung der Situation an die gegenwärtige Einsicht. Die Energie ist endlich frei und verfügbar für die Veränderung des Status quo.

Die Selbstliebe zeigt immer und unfehlbar den rechten Weg zu Glück, Harmonie, psychischer Genesung und emotionaler Gesundheit. Wer sich selbst liebt, der gesteht sich Irrtümer zu. So einfach und so schwer ist das! Wer sich selbst liebt, der erlaubt sich Veränderung, Anpassung und stetiges Lernen. Der Irrtum als solcher ist die wunderbare Triebfeder jeder Entwicklung. Ihr seid wahrlich geehrt und gesegnet, weil Ihr irren könnt. Gott gibt immer nur Geschenke und von dieser Regel gibt es keine Ausnahme. Wäre die Möglichkeit des Irrtums kein Segen, dann wäre sie nicht von Gott gegeben. In dieser Welt der Dualität seid Ihr gezwungen, ständig abzuwägen und Euch zu entscheiden. Anders ist Leben auf der irdischen Erfahrungsebene gar nicht möglich.

Die Möglichkeit der rechten Wahl impliziert automatisch die Möglichkeit des Irrtums. Irrtum aber ist nichts anderes als ein ›blinder Fleck‹, ein toter Winkel in der Selbstwahrnehmung. Es bedeutet, dass Du Dich über Dich selbst geirrt hast. Ihr definiert Euch ständig über die Urteile, die Ihr fällen müsst, um Euch zu entscheiden und eine Wahl zu treffen. Diese Selbstdefinition funktioniert gleichermaßen im Pol wie in seinem Gegenpol. Mit anderen Worten: Ihr definiert Euch selbst ebenso über die Dinge, die Ihr ablehnt und verwerft wie über diejenigen, die Ihr akzeptiert und als das Eure anerkennt. Wer seine gelebte Vergangenheit ohne Reue und Schuld anzusehen vermag, der kann viel für die Gegenwart lernen, denn wer sich selbst liebt, der liebt sich vorbehaltlos im Hier und Jetzt. Gottes Mühlen haben ihren eigenen Rhythmus und die göttliche Weisheit, die jedem Menschenleben innewohnt, ist wahrlich ein Mysterium. Gottes Wege sind so vielfältig wie seine Schöpfung selbst und mögen sie auch nach wie vor unergründlich sein, so führen sie doch immer und unfehlbar zum Ziel.

Gott ist Liebe und was Liebe ist, das lässt niemals scheitern. Gott hat diese Möglichkeit nicht gegeben. Reue, Scham, Schuld und Sünde sind fehlgeleitete Egokonzepte, die die Größe und Allmacht des Göttlichen verleugnen. Wir verweisen an dieser Stelle gerne auf das entsprechende Kapitel in Band I *Des Menschen Wunsch und Gottes Wille* über den Größenwahn des Ego. Freut Euch des Lebens und lernt ganz einfach aus Euren Irrtümern, denn zu diesem heiligen Sinn und Zweck habt Ihr sie begangen. In Wirklichkeit ist eben doch alles gut! *(Anm. der Verfasserin: Scherzhaft gesagt).*

»Nichts bereuen ist aller
Weisheit Anfang.«
Ludwig Börne

# Probiere Dich selbst aus!

Meine liebe Freundin, mein lieber Freund, an dieser Stelle unserer Anweisungen zum Glücklichsein steht der Rat, Dich selbst ›auszuprobieren‹. Diese Weisung ist eng an die vorhergehende geknüpft und sinngemäß an sie gekoppelt.

Wer ohne Schuld, Scham und Reue auf seine vergangenen Erfahrungen zurückblicken kann, der wird sich vorbehaltlos neuen Erfahrungen, Ereignissen und Umständen öffnen und hingeben können. Wo keine Reue und keine Schuld mehr gefürchtet werden, da kommt die pure Lebensfreude auf. Hier sind der Kreativität nunmehr Tür und Tor geöffnet. Der Mensch entwickelt Freude an sich selbst und geht mit geballter Spannung an sein Leben heran, das er nunmehr als ganz persönliches Kunstwerk erkennen kann.

Der Mensch erkennt sich selbst an seinen Taten und wer sich selbst liebt, der steht sich mit einer gesunden Portion Neugier gegenüber. Neugier auf sich selbst und das eigene, ganz persönliche Sosein ist der Ansporn und die Triebfeder jeglicher Kreativität. Ihr lebt Euer Leben nicht einfach nur, Ihr ›kreiert‹ Euer Dasein und ›erfindet‹ Euch selbst ständig neu. Die kreative Schubkraft des Lebensausdrucks kann sich ganz und gar freisetzen und in alle Richtungen strömen und fließen, die Ihr zulasst und für möglich und erstrebenswert haltet. Wo Schuld, Reue und Scham hinfällig werden, da stellt sich unfehlbar ein tiefes und wunderbares Gefühl der Befreiung ein. Endlich öffnet sich der innere Kerker und Ihr gebt Euch selbst freies Geleit durch Euer Leben. Irrtümer werden nicht länger als persönliche Fehler und Mängel betrachtet, sondern als bereichernde Erfahrung und wer mit diesem Blick an die Dinge des Lebens herangeht, der ist von einem tiefen Gefühl der Dankbarkeit für all seine gemachten Erfahrungen beseelt.

Aus dieser Betrachtungsweise heraus werden das Leben und die Welt zur Spielwiese des Göttlichen und eine gehörige Portion Spieltrieb ist Euch allen eigen. *(Anm. der Verfasserin: Scherzhaft gesagt)*. Ihr versucht, probiert, wertet aus und entscheidet. Die Dinge werden als Euch zugehörig, als stimmig und passend anerkannt oder aber abgelehnt und verworfen. So funktioniert Selbsterkenntnis! Was wüsstest Du vom Tage, wenn Du die Nacht nicht kennen würdest? Was wüsstest Du über die Wahrheit, wenn Du den Irrtum nicht kennen würdest? Was wüsstest Du über die Liebe, wenn Du die Angst nicht kennen würdest? Was wüsstest Du über Dich selbst, wenn Du nichts von alledem kennen würdest, was Dich nicht ausmacht?

Innerhalb der dualen Erfahrungsrealität definieren sich die Dinge, mit denen Du Dich identifizierst, durch diejenigen, mit denen Du Dich nicht identifizierst. Hierin liegen der Wert und der Segen jeder Inkarnationserfahrung begründet und hier liegt der Grund für ihre ganze Heiligkeit. Je vorbehaltloser, spielerischer und angstfreier Ihr an Euer Leben herangeht, desto erfüllender und befriedigender werden Eure Erfahrungen ausfallen und sich gestalten können. Die sichere Einbettung in der bedingungslosen Liebe Gottes ist Euch und der ganzen Schöpfung auf ewig gesichert und garantiert. Die Unantastbarkeit des Menschen kennt keine Ausnahme. Wer sollte Euch für Eure Irrtümer bestrafen? Wer könnte so etwas Absurdes wollen? Wozu sollte es gut sein?

Wo es niemals um Schuld und Schande geht, da kann es auch niemals um Sühne und Strafe gehen. Diese irrigen weltlichen Konzepte sind vollkommen sinnlos und führen zu nichts. Sühne und Strafe führen niemals zu Einsicht und Entwicklung und könnten es auch nie. Nur Liebe kann das je bewirken. Jeder nur erdenkliche Irrtum, vom kleinsten und nichtigen bis hin zum schwerwiegenden, beruht letztlich immer und ausnahmslos auf Angst. Im letzten Sinne gibt es jedoch keine Rangordnung des Irrtums, der eine ist nicht größer und irriger als der andere, ganz so, wie es auch keine Rangordnung der Wahrheit gibt, eine Wahrheit kann nicht ›wahrer‹ sein als eine andere. Es gibt nur Wahrheit oder Irrtum.

Wie wir in Band I und vor allem in Band II ausführlich gesehen haben, ist Angst nichts anderes als die Nichtwahrnehmung der Allgegenwart der göttlichen Liebe. Was, wenn nicht Liebe, könnte also jedes Problem und jeden Irrtum heilen? Wozu sollte es führen, irgendetwas anderes zu geben als das, was fehlt und was es braucht?

»Die Erfahrungen sind Samenkörner,
aus denen Klugheit emporwächst.«
Konrad Adenauer

# Verabschiede Dich von der Opferrolle!

Mein lieber Freund, meine liebe Freundin, in Band I *Des Menschen Wunsch und Gottes Wille* haben wir gesehen, dass es im letzten Sinne keine Opfer gibt und geben kann. Dem ist so, doch die menschliche Erfahrungsrealität sieht anders aus.

Das Täter-Opfer-System ist ein in dieser Welt gültiges Realitätskonzept. Wohl jeder Mensch kennt beide Rollen und tut sich naturgemäß schwerer mit der einen als mit der anderen, je nach Erfahrungshintergrund, persönlichem Temperament, Charakter und Wertvorstellungen. Es liegt in der Natur des Menschen, die Opferrolle erst einmal abzulehnen und sich von ihr distanzieren zu wollen. Dies liegt unter anderem daran, dass kein Mensch sich gerne Schwäche ein- und zugesteht.

Opfer gelten als schwächlich, labil und in gewisser Weise abstoßend. Niemand konfrontiert sich gerne mit der Opferrolle anderer, da sie schmerzlich an die eigene erinnert. Der Mensch tut wahrlich viel, um nicht Opfer sein zu müssen. Er übernimmt allzu oft die Verantwortung für das, was ihm widerfahren ist. Insbesondere Kinder reagieren in der Regel mit diesem Selbstschutzmechanismus. Der erwachsene Mensch, der solchermaßen handelt, ist von unnachgiebiger Härte und Strenge gegen sich selbst. Im letzten Sinne ist dem auch so, es kann niemals irgendetwas über

Dich kommen, das nicht frei gewählt und freudig angenommen wäre. Doch, wie gesagt, die Erfahrungsrealität auf der menschlichen Ebene ist eine andere. Hier gibt es sehr wohl Täter und Opfer und Ihr spielt Eure Rollen geradezu virtuos.

Die Opferrolle ist eine sehr einschränkende Lebenshaltung. Sie bindet die Lebensenergie an vergangene Ereignisse und lässt den Menschen in apathischer Lähmung zurück. Immer wieder verstrickt er sich in der schmerzlichen Opferrolle, aus der er keinen Ausweg erkennen kann.

Doch der Abschied von der Opferrolle ist ein denkbar einfacher. Der erste Schritt aus dem Dilemma der Opferhaltung besteht in ihrer Akzeptanz! Die Opferrolle und der damit verbundene Schmerz können unmöglich überwunden werden, solange sie nicht als solche anerkannt und akzeptiert werden.

Dem mit der Opferhaltung einhergehenden Schmerz, der so sehr gefürchtet wird, ist in dem Augenblick ein jähes Ende bereitet, in dem die Verantwortung nicht länger auf sich selbst verlagert, sondern dorthin zurückgegeben wird, wo sie hingehört: zum Täter. Kein Mensch allein kann alle Lasten tragen und Verantwortung ist immer nur da und dort sinnvoll, wo sie wirklich liegt. Die Rückgabe der Verantwortung dorthin, wo sie angemessen und angebracht ist, bringt sowohl Täter als auch Opfer in die Lage, die Situation zu heilen. Es bringt Bewegungsenergie in die Sache. Wir dürfen nicht vergessen, dass sich die Opferrolle erst durch die Abwesenheit der Verantwortlichkeit für die Situation als solche definiert. Wo die Verantwortung an den Täter zurückgegeben wird, da hat der Schmerz ein Ende! Nun ist der Opferrolle der bittere Stachel des Entsetzlichen genommen. Diese Rückgabe der Verantwortung wirft ein völlig neues

Licht auf die Ereignisse und ermöglicht es, sie furchtlos und ohne Selbstbezichtigung zu betrachten und zu erforschen. Die Energie kann nunmehr als emotional neutrale Erfahrungsenergie genutzt werden. Das ist Heilung vom Feinsten, denn damit ist der Mensch schließlich von der Opferrolle erlöst und kann frei von emotionaler und geistiger Einschränkung leben.

Wer aber die Verantwortung des anderen beim anderen belassen kann, der ist in gleichem Maße in der Lage, die eigene freudig zu übernehmen und anzuerkennen. Die Überforderung nimmt ein Ende und das Leben wird einfacher und leichter. Diese Erlösung von der Opferrolle durch ihre Akzeptanz und Annahme ist die Vorstufe zur Erkenntnis, dass es keine Opfer gibt und niemals geben kann: Opfere Deine Opferrolle dem Glück und Deiner persönlichen Freiheit und übernimm die Verantwortung für Deine Gedanken, Gefühle und Handlungen.

Der Abschied von der Opferrolle und die Übernahme der Verantwortung für das eigene Sein lassen den Menschen wie einen Phönix aus der Asche neu erstehen. Das Leben erstrahlt in Schönheit, Eigenverantwortlichkeit, Kraft und wundersamer Kreativität.

»Wer sich zum Honig macht,
den benaschen die Fliegen.«
Deutsches Sprichwort

# Diszipliniere Dich selbst!

Meine liebe Freundin, mein lieber Freund, nunmehr wollen wir uns der Aufforderung zur Selbstdisziplin widmen. Diszipliniere Dich selbst in der Liebe zu Dir selbst und sei wachsam und beharrlich in Deinem Bestreben!

Die Aufforderung zur Selbstliebe kann nicht oft genug betont, geschweige denn in ihrer Bedeutung überbewertet werden. Die Selbstdisziplin ist deshalb in diesem Punkt so wichtig, weil Ihr es sehr viel mehr gewohnt seid, Euch selbst anzuklagen und Euch die Liebe zu verweigern. An einem gewissen Punkt ist die Frage der Selbstliebe eine Frage der bewussten Entscheidung. Bist Du für oder gegen Dich?

Wenn Du Dich für die Selbstliebe und somit für Dich selbst als integrale Persönlichkeit entscheidest, dann gibst Du Gott recht, der Dich schuf, wie Du bist. Keimende Selbstliebe ist der Beginn göttlicher Wahrnehmung. Wie wir sagten, ist Selbstliebe eine Frage der Entscheidung. Es ist eine Frage der Entscheidung, die in jedem Augenblick neu getroffen wird. An diesem Punkt kommt die Selbstdisziplin ins Spiel. Entscheide Dich in jedem Augenblick Deines Seins für Dich selbst und die Liebe. Wenn Du eine andere Wahl getroffen hast, wenn Du Dich für Selbstverachtung, Ablehnung, Schuldbewusstsein oder Angst entschieden hast, dann korrigiere Dein Urteil über Dich selbst und entscheide erneut! Wie willst Du Dich selbst sehen? Mit dem unbestechlichen Falkenblick der Liebe oder als ein trügerisches Zerrbild der Angst?

Wir sprachen schon viel über die Wahrnehmungskorrekturen, die mit der Selbstliebe einhergehen. Selbstliebe erfordert deshalb wachsame und beharrliche Selbstdisziplin, weil Ihr so diszipliniert darin seid, Euch selbst abzulehnen und schuldig zu fühlen. Es geht um eine völlige Kehrtwende in der Selbstwahrnehmung, weg von Verachtung und Geringschätzung, hin zu Anerkennung und Selbstbejahung. Sowie Du Dich in Deiner Haut unwohl fühlst, ist Deine Entscheidung gefragt, die nur Du für und über Dich selbst treffen kannst. Letztlich geht es um die Frage, wer und was Du bist, es geht um die Frage der Identität. Bin ich Liebe oder bin ich Angst? Bin ich ein unversehrtes, heiliges Kind Gottes oder bin ich ein elender, unwürdiger Wurm im Staube?

Wie wir bereits an anderer Stelle sagten: Wer es wagt, sich selbst zu lieben, der wird sehr schnell erkennen, dass es ein Wagnis war, es nicht zu tun. Mit jeder noch so scheinbar geringfügigen Entscheidung zur Liebe wirst Du bestätigt und bestärkt im Glauben an Dich selbst und Deine göttliche Natur. Mit jeder Liebesentscheidung wird Dein Schritt sicherer und fester. Der Begriff der Selbstdisziplin ist in dieser Welt sehr negativ besetzt und das zu Recht und aus gutem Grunde. *(Anm. der Verfasserin: Scherzhaft gesagt).* Nur allzu oft verlangt und nötigt Ihr Euch Dinge ab, die in krassem Widerspruch zur Selbstliebe stehen. Doch nur, wenn Ihr die Disziplin für und nicht länger gegen Euch nutzt, macht das Konzept der Selbstdisziplin einen konstruktiven und positiven Sinn. Liebe Dich selbst mit eiserner und unerschütterlicher Disziplin jeden Tag aufs Neue und Du wirst Dich selbst und damit Dein ganzes Leben völlig neu entdecken und mit anderen Augen sehen. Sich selbst zu lieben bedeutet, sich mit Gottes Augen sehen.

»Hast du dich selbst lieb, so hast du
alle Menschen lieb wie dich selbst.«
Meister Eckhart

# Vertraue Dir selbst!

Mein lieber Freund, meine liebe Freundin, vertraue Dir selbst und sei Dir des Höchsten in Dir selbst bewusst! Diese Aufforderung ist der vorhergehenden nahe verwandt und doch kommt an dieser Stelle ein weiterer Aspekt hinzu.

Als integraler Teilaspekt Deines Schöpfers hast Du allen Grund, Dich selbst zu lieben. Vertrauen in das Höchste in Dir, in den eigenen göttlichen Ursprung impliziert auch Vertrauen in das Menschliche. Das Göttliche schuf das Menschliche und die dem Menschlichen innewohnende Göttlichkeit ist ewiger Garant für die unantastbare Heiligkeit des Menschen. Wer das Menschliche vom Göttlichen trennen will, der verliert sich in sinnloser Absurdität. Ohne das Göttliche kann es kein Menschliches geben, denn nichts kann jemals außerhalb und losgelöst von seinem Schöpfer sein. Um es in ganz einfachen Worten zu sagen: Nichts kann jemals ohne Gott sein. Was so aussieht, das irrt sich über sich selbst.

Wenn Du Dir selbst und dem Höchsten in Dir nicht vertraust, dann hast Du genau das getan, Du hast Dich über Dich selbst geirrt und damit über Deine wahre Identität. Wenn Du Dir über Dich selbst im Klaren bist, dann bist du auch mit Deinen Gedanken, Gefühlen und Werken im Reinen. Nur wer weiß, wer er ist, kann auch wissen, was er tut. Wie wir bereits in Band I *Des Menschen Wunsch und Gottes Wille* festgestellt haben: An Euren Taten werdet Ihr Euch erkennen. Selbstvertrauen impliziert die tiefe Gewissheit, immer das Rechte zu tun, und hast Du aus Deiner Sicht der Dinge einmal nicht das Rechte getan, dann impliziert es die Gewissheit der Fähigkeit zur Wahrnehmungsberichtigung.

Da und dort, wo Du nicht aus der Liebe heraus gehandelt hast, hast Du Dich getäuscht und Dich mit Angst und Schuld gleichgesetzt. Die Fähigkeit zur Wahrnehmungsberichtigung entstammt dem Höchsten in Dir und somit kann Wahrnehmungskorrektur immer nur eine Berichtigung hin zur Liebe sein. Lernschritte sind Liebesschritte und Liebesschritte sind Lernschritte. Wo Lernschritte keine Liebesschritte sind, da sind sie keine! Was, wenn nicht Liebe, könnte es je zu lernen geben?

Vertraue Dir selbst, vertraue auf das Höchste in Dir und Du wirst die Angst vor dem Niedersten in Dir verlieren. Was immer Du mit Liebe anschaust, das löst sich in Liebe auf.

»Glaube an dich selbst, Mensch,
glaube an den inneren Sinn deines Wesens,
so glaubst du an Gott und an die Unsterblichkeit.«
Johann Heinrich Pestalozzi

# Öffne Deine Augen!

Meine liebe Freundin, mein lieber Freund, öffne Deine Augen für Dich selbst und die Welt um Dich herum. Was berührt Dich? Was bewegt Dich? Was betört Dein Herz und Deine Sinne? Die Spiegelfunktion der Außenwelt kann Dir wertvolle und kostbare Rückschlüsse über Dich selbst liefern. Was Dich bewegt, in welcher Weise auch immer, das hat in irgendeiner Weise mit Dir zu tun. So hilft die Außenwelt Dir dabei, Klarheit über Dich selbst zu gewinnen.

Jeder Mensch steht in einem ständigen und sehr komplexen Informationsaustausch mit seiner Außenwelt. Das ständige Feedback der Welt ist von unschätzbarem Wert für denjenigen, der nach Selbsterkenntnis strebt. Wo Du Dich an den Dingen aufreibst, sie Dich ärgern und Deinen Unmut erregen, da zeigt Dir die Welt Ungelöstes und Unerlöstes in Deiner eigenen Psyche und in Deinem Herzen. Je deutlicher die Hinweise, je größer Dein Unmut, desto drängender das Problem, das sich der Erlösung anbieten will. Womit kannst Du Dich einverstanden erklären und womit nicht? Wogegen kämpfst Du und was strebst Du an? Wie das Innen das Außen erklären kann, so erlaubt und ermöglicht das Außen Rückschlüsse auf das Innen.

Alles, was sich Dir darstellt, Dein ganzes Leben, ist ein getreuer Spiegel Deiner Selbstwahrnehmung. Jede physische Manifestation im Außen ist Spiegelung einer geistigen Gegebenheit im Innen. Wenn dem nicht so wäre, dann würdest Du nicht mit ihr konfrontiert. Beobachtung der Außenwelt gekoppelt an Selbsterforschung und die Frage, was die Dinge Dir über Dich selbst zu sagen haben, bringen die verborgenen Schatten im eigenen Wesen ans Licht und überführen sie somit der Heilung. Die Außenwelt zeigt Dir immer und unfehlbar, wie es innen aussieht.

Wie wir seit Band I *Des Menschen Wunsch und Gottes Wille* sehr wohl wissen, geschieht uns nach unseren Glaubenssätzen, sowohl individuell als auch kollektiv. Sie bringen Erfahrungen hervor, die wiederum die ihr zugrunde liegenden Glaubenssätze bestätigen und zementieren. Wenn Du gewisse Änderungen im Außen anstrebst, dann musst Du Deine Glaubenssätze in diesen Lebensbereichen überprüfen. In den Aspekten, in denen Deine äußere Erfahrungswelt Dir nicht gefällt, hast Du immer und unfehlbar mit Glaubenssätzen zu tun, in die die Liebe noch nicht Einzug gehalten hat. Die Dinge des Lebens sind das, was sie sind und auch wieder nicht, denn des Menschen ganz persönliche Wahrnehmung macht sie zu dem, was sie für ihn bedeuten. Für den Einzelnen bedeutet dies, dass der Blick auf die Dinge individuell sehr verschieden sein kann von dem eines anderen.

Eure Wahrnehmung steht und fällt mit Eurem Urteil über die Dinge. Nur Eure Bewertung macht die Dinge zu dem, was sie für Euch sind. Was Ihr mit den Augen der Liebe beurteilt und bewertet, stellt sich Euch in einem völlig anderen Licht dar. Der Blick der Liebe lässt alle Dinge so erscheinen, wie sie wirklich sind, und bewahrt somit vor Irrtum und Fehleinschätzung.

Öffne die Augen und betrachte die Welt und ihren Gang mit Liebe. Vieles wird sich Dir eröffnen und erschließen. Wenn Du mit dem Blick der Liebe an einen Sachverhalt herangehst, so erschließt sich Dir die tiefe Sinnhaftigkeit, die der Situation innewohnt. Der liebende Blick stellt die Situation in einen größeren Gesamtkontext und macht so die großen Zusammenhänge sichtbar.

Liebe macht weise, weil Liebe Weisheit ist. Das Erfahrungsspektrum des Menschen wird nicht nur sehr viel umfassender und breiter, sondern vor allen Dingen sehr viel tröstlicher und glücklicher.

»Die Welt ist ein Spiegel aus dem jedem
sein eigenes Gesicht entgegenblickt.«
William Makepeace Thackeray

# Nutze Deine Chancen!

Mein lieber Freund, meine liebe Freundin, nutze Deine Chancen, so lautet die letzte unserer Anweisungen zum Glücklichsein. Ergreife und nutze die Chancen, die das Leben Dir täglich anpreist und bietet. Nutze die Chancen, Dein Leben da und dort zum Besseren zu wenden, wo Du es magst und es Dir notwendig erscheint.

Wir haben diese Anweisung an die letzte Stelle gesetzt, weil sehr viele Menschen eben genau davor zurückschrecken. Die Angst vor dem Wandel, die Scheu vor Neuem und Unbekanntem sitzen oft sehr viel tiefer, als Euch lieb sein kann. Der Mensch strebt immer nach emotionaler und existenzieller Sicherheit, daher liebt er das Bekannte und Vertraute. Er wird naturgemäß vieles tun um sich mit einer unbefriedigenden Situation zu arrangieren, bevor er sich schließlich dazu durchringt, die Sachlage zu ändern und die Situation so zu beenden. Oft schreckt der Mensch aus falsch verstandenem Pflichtbewusstsein zurück und verharrt reglos in Altbekanntem.

Doch die drängendste aller Pflichten ist immer und ausnahmslos die Pflicht dem eigenen Glück gegenüber und der Mensch tut gut daran, ihrem Ruf Gehör zu verleihen. Wie bei den vorherigen Anweisungen, so geht es auch bei dieser im Grunde und in Wahrheit um nichts anderes als um Selbsterkenntnis. Die Chancen, die sich jedem Menschen immer wieder bieten und die es zu nutzen gilt, können immer nur Liebeschancen sein, Chancen zu mehr Selbstliebe, die immer gleichermaßen Chancen zu mehr Nächstenliebe sind. Wer seiner Intuition vertraut und sich auf sie einlässt, der kennt das Gebot der Stunde, denn die Intuition wird immer ein Fürsprecher des Höchsten in Dir sein.

»Nutzen muss man den Augenblick,
der einmal nur sich bietet.«
Friedrich von Schiller

# 11. Teil

## Die 7 Attribute der Intelligenz

# Rasche Auffassungsgabe

Meine liebe Freundin, mein lieber Freund, was eigentlich ist Intelligenz? Wie und wodurch definiert sie sich? Es ist eine Tatsache, dass der Mensch im Grunde gar nicht so genau weiß, wonach er sucht, wenn er von der Intelligenz und mit ihr verbundenen oder zumindest assoziierten messbaren Daten spricht. Es mag Dich auf den ersten Blick wundern, dass wir grundsätzlich von der Intelligenz des Herzens reden, wenn wir von Intelligenz sprechen. Intelligenz ist immer Intelligenz des Herzens, es gibt keine andere. Der Mensch ist immer nur da und dort zu guten Leistungen fähig, wo er mit und aus Liebe handelt. So einfach ist das.

Ihr seid in der Regel in all den Lebensbereichen hervorragend, die Ihr mit Liebe und Leidenschaft ausfüllt. Eure Intelligenz steht in direktem Zusammenhang mit Eurer Liebesfähigkeit. Wo Liebe ist, da sind die Handlungen immer stimmig, logisch, zielstrebig und vor allem konstruktiv, denn Liebe ist immer stimmig, zielstrebig, logisch und konstruktiv. Ihr kommt deshalb in Euren Forschungen um die menschliche Intelligenz nicht wirklich weiter, weil Ihr die Emotionen ausklammert und den Verstand zu isolieren versucht, wenn Ihr Eure Untersuchungen betreibt. Doch die Dinge getrennt voneinander zu betrachten, bedeutet nicht nur, sie falsch zu betrachten, sondern in gewisser Weise sogar, sie zu ›zerstören‹, bevor Ihr sie zu begutachten sucht.

Der geistige und der emotionale Körper des Menschen bilden eine Einheit, die nicht voneinander zu trennen ist und was man zerstückelt, das kann man eben nicht mehr als Ganzes begutachten.

Auch und gerade beim Thema Intelligenz kann und darf man die Liebe nicht außen vor lassen, denn sie ist und bleibt Triebfeder und impulsgebender Motor für alles Tun und Lassen. Wenn Ihr die Intelligenz in IQ und EQ aufspaltet, dann spaltet Ihr im Grunde etwas, das unmöglich voneinander getrennt werden kann, wenn Ihr es verstehen wollt. Es ist die Liebe zu den Dingen und nur sie, die den sogenannten IQ bestimmt und fördert, so wie die Liebe ihn gleichermaßen fordert. Liebe will immer nur das Beste, sie fördert und fordert es, sie tut und sie erreicht es.

Von den Eigenschaften der Intelligenz, die natürlich alle gleichermaßen und gleichzeitig vorhanden sind, wollen wir als erste die rasche Auffassungsgabe nennen. Dies ist deshalb so, weil die Liebe das ›Objekt ihrer Liebe‹, eben all das, was geliebt wird, sehr rasch, ja sozusagen augenblicklich wiedererkennt. Wir werden noch viel über den ›Falkenblick der Liebe‹ zu sagen haben und nirgendwo ist er so offensichtlich wie beim Thema Intelligenz.

Die Auffassungsgabe ist das Begriffsvermögen des Menschen. Das Begreifen aber ist im Grunde und in Wahrheit nichts anderes als ein Wiedererkennen. Das, was Du liebst, es ist in Wirklichkeit bereits in Dir, sonst könntest Du es nicht lieben. Liebe begreift augenblicklich, denn ihr Ziel ist Verbindung, Vereinigung und nicht zuletzt Ausdehnung. Dieses Wiedererkennen löst immer und ausnahmslos Freude, ja sogar Euphorie aus. Ihr alle kennt das aus Euren Zeiten des Lernens, wenn Ihr ›Feuer und Flamme‹ für ein Thema und mit ganzem Herzen und Verstand bei der Sache seid. Ihr lernt mitunter ohne jede Anstrengung und völlig leichten Herzens. Ihr versteht und begreift die Dinge wie von selbst.

Wenn dies der Fall ist, dann habt Ihr ›Euer‹ Thema gefunden. Hier zeigt sich Eure Intelligenz in ihrem vollen Potenzial und Ihr lauft zur Hochform auf. Liebe öffnet nicht nur den Zugang zu Euren Potenzialen, sondern sie ist dieser Zugang.

»Es gibt in Wahrheit kein letztes
Verständnis ohne Liebe.«
Christian Morgenstern

# Die Fähigkeit, eine Gesamtsituation blitzschnell zu erfassen

Mein lieber Freund, meine liebe Freundin, die Fähigkeit, eine Gesamtsituation blitzschnell zu erfassen, ist unsere zweite Eigenschaft der Intelligenz. Was bewirkt diese Fähigkeit? Wie kommt sie zustande?

Eine Gesamtsituation überblicken kann nur, wer mit offenen Augen und einer gewissen Vorbehaltlosigkeit durchs Leben geht. Eine Gesamtsituation überblickt nur, wer gewillt und daher in der Lage ist, den Seinsfokus von sich selbst, von seinen ganz persönlichen Sichtweisen abzuziehen und seinem Außen viel Aufmerksamkeit zu widmen. Dies erfordert – wie könnte es anders sein – Liebe.

Diese grundsätzliche Offenheit für die Welt und alles, was in ihr geschieht ist, von weit größerer Bedeutung, als es auf den ersten Blick erscheinen mag. Offenheit impliziert Aufmerksamkeit, die wiederum die Basis jeden Mitgefühls, aller Nächstenliebe und jeglichen liebevollen Miteinanders ist. Somit sind Menschen, die grundsätzlich meist ›im eigenen Saft schmoren‹ nicht in der Lage, Gesamtsituationen zu begreifen und korrekt und realitätsgetreu einzuschätzen. Wer nur Bruchstücke einer ›Wahrheit‹ wahrnehmen kann, dem entgeht die ganze Wahrheit. Hier zeigt sich erneut, dass IQ und EQ, Intellekt und Gefühl, nicht voneinander zu trennen sind. Die Intelligenz eines Menschen, der in der Lage ist, eine Gegebenheit in ihrer Gesamtheit zu erfassen und zu verstehen, ist kein Zufall. Dem Menschen offenbart sich immer nur das, was sein echtes Interesse weckt. Mit einfachen Worten: Ihr wisst nur, was Ihr wissen wollt. Alles andere verschließt sich Eurem Blick einfach nur deshalb, weil Ihr nicht hinseht.

Die grundsätzliche Offenheit für die Welt und alles Leben darin ist immer da und dort gegeben, wo der Mensch auf ein natürliches Urvertrauen zurückgreifen kann. Das tiefe Gefühl sicherer Einbettung in das Leben als solches lässt eine gesunde, lebensbejahende Neugier entstehen, die die Offenheit und auch die Aufmerksamkeit fördert. Auf einem solchermaßen vorbereiteten Boden kann die Saat des Mitgefühls keimen, wachsen und reichlich Früchte tragen.

Diese Offenheit des Menschen, von der hier die Rede ist, bewirkt ein Zusammentragen von Unmengen an Informationen, die wie beiläufig aufgenommen und verarbeitet werden. Diese Informationsfülle ist der Grund, weshalb eine Gesamtsituation dann blitzschnell in ihrer Gänze erkannt und verstanden wird. Allen großen Denkern ist diese Fähigkeit gemeinsam, ebenso, wie ihnen die Liebe gemeinsam ist. Ohne Liebe kommt es unmöglich zu großen Gedanken, denn Liebe ist die Quelle aller Weisheit. Intelligenz ist Liebe und Liebe ist Intelligenz. Kein Gedanke ist je groß, der nicht liebevoll wäre.

# Die Fähigkeit zur Analyse

Meine liebe Freundin, mein lieber Freund, die Fähigkeit, eine Situation, einen Sachverhalt zu analysieren, ist unsere dritte Eigenschaft der Intelligenz. In unseren vorherigen Betrachtungen ging es darum, eine komplexe Situation in ihrer Gesamtheit zu begreifen. Hier geht es nunmehr um die Fähigkeit, diesen Sachverhalt zu analysieren und in seiner ganzen Komplexität zu erforschen.

Die Fähigkeit zur Analyse erfordert, dass man die Dinge in ihre Einzelheiten zerpflücken kann und dennoch gleichzeitig den klaren Blick für das Ganze bewahrt. Es ist also ein Denken und Einfühlen gefordert, das gleichzeitig auf zwei Ebenen stattfindet. An dieser Stelle sei betont, dass jede Art von Verständnis immer und ausnahmslos auf der Fähigkeit des Einfühlens beruht. Ohne Einfühlungsvermögen, das zwingend abhängig ist von der Liebe, ist wahres Verstehen niemals möglich. Wo keine Liebe ist, da ist stimmiges, sensibles Einfühlen völlig unmöglich, denn es entspringt der Liebe und ist eines ihrer Attribute.

Erneut sehen wir, dass der Verstand unmöglich getrennt vom Herzen betrachtet und verstanden werden kann. Doch die Fähigkeit der Analyse impliziert noch eine andere ›Herzensangelegenheit‹. Logisch und erfolgreich analysieren kann nur, wer frei ist von Wertung, Urteil und Schuldzuweisung. Wenn eine Analyse realitätsgetreu und authentisch sein soll, dann muss man die Wahrheit in und hinter den Dingen wissen und sehen wollen. Hier kommt erneut die lebensbejahende Neugier ins Spiel, die nur dann lebensbejahend ist, wenn sie auf Liebe und Mitgefühl beruht.

Es mag zunächst einmal verwundern zu hören, dass nichts die Fähigkeit zur Analyse so sehr fördert wie ein tiefes Gottvertrauen. Wer Gott vertraut, der vertraut sich selbst und vor allem dem Leben und seiner natürlichen Dynamik. Dieses Vertrauen bringt immer Weisheit mit sich und lässt den Menschen mit einer ganz besonderen Furchtlosigkeit am Leben teilnehmen. Offenen Blickes und hocherhobenen Hauptes kann er sich dem Leben mit all seinen Aspekten und Bedingungen stellen.

Ein Mensch, der richtig zu analysieren versteht, ist ein liebender Mensch, denn er akzeptiert den Menschen und die Dinge in ihrem Sosein. Nur die liebevolle Annahme ist in der Lage, die Dinge zu heilen. Je mehr Du Dich selbst liebst und bedingungslos annimmst, desto besser und ausgeprägter ist Dein analytischer Sinn. Je angstfreier Du Dich selbst betrachtest, umso vorbehaltloser und uneingeschränkter ist Dein Einblick in andere Menschen und die Dinge und Umstände um Dich herum.

Wie wir bereits in Band I *Des Menschen Wunsch und Gottes Wille* gesehen haben, ist es vollkommen unmöglich, mit zweierlei Maß zu messen. Du kannst unmöglich Vorurteile gegen Dich selbst hegen, ohne sie ebenso bei Deinen Mitmenschen geltend zu machen. Wenn Du bedingungslos liebst, dann ist das Resultat Deiner Lebensanalysen im wahrsten Sinne des Wortes gleichgültig, denn Du hegst keinerlei Erwartungen. Liebe will nichts als lieben. Ausgehend von dieser urteilsfreien Haltung bist Du in der machtvollsten

Position, die Dinge zu ändern, die der Heilung bedürfen. Intelligenz definiert sich auch dadurch, dass der Mensch sich dieser Zusammenhänge bewusst ist, denn Eure Lebenserfahrung lehrt Euch nichts anderes. Nur dort, wo Ihr die Dinge anseht und annehmt, wie sie sind, seid Ihr in der Lage, sie zu ändern und zum Besseren zu wenden. So wie in unseren vorherigen Ausführungen seid Ihr auch in Euren Analysen nur in der Lage, das zu erkennen und wahrzunehmen, was Ihr anzunehmen bereit seid.

Es versteht sich von selbst, dass Menschen fühlen und erkennen, ob sie bedingungslos geliebt und akzeptiert sind oder ob bestimmte Erwartungen an sie gestellt werden. Je reiner die Liebe, desto vorbehaltloser das Vertrauen, das man Euch entgegenbringt, und dementsprechend die Fülle an Informationen, die Euch geschenkt wird.

»Wirklich erkennen können wir nur
was wir in irgendeinem Sinne lieben.«
Romano Guardini

# Der ausgeprägte Sinn für Details

Mein lieber Freund, meine liebe Freundin, als viertes Attribut der Intelligenz wollen wir den ausgeprägten Sinn fürs Detail nennen. Dieser Sinn fürs Detail ist untrennbar gebunden an den Sinn für Schönheit. Nur wer einen deutlichen Schönheitssinn hat, kann Details aus einem Ganzen herausfiltern und wahrnehmen.

Wie der analytische Sinn fordert der Sinn fürs Detail die gleichzeitige Wahrnehmung auf zwei Ebenen. Hier wird das Einzelne innerhalb eines komplexen Verbundes wahrgenommen, ohne den simultanen Blick für das Ganze zu verlieren. Was hat dies alles mit Intelligenz zu tun?

Nun, der Sinn fürs Detail erfordert einen deutlich ausgeformten Forschergeist. Der Mensch, der Details sieht, ist ein suchender Mensch. Ein suchender Mensch ist ein intelligenter Mensch. Nur der Dumme glaubt, schon alles gesehen zu haben. *(Anm. der Verfasserin: Scherzhaft gesagt).* Die stetige Suche nach Schönheit ist ein zutiefst im Menschen angelegtes Grundbedürfnis, in welchem Bereich auch immer. So unterschiedlich und verschieden die Dinge auch sein mögen, die Ihr als schön bezeichnet, die Sehnsucht nach Schönheit ist Euch allen eigen. Als ein Attribut des Göttlichen selbst ist Schönheit ein allgegenwärtiges Prinzip in der Schöpfung. Schönheit kommt weder von außen noch von innen, sie ist einfach. Alles, was Ihr mit Liebe anseht, erschließt Eurem Blick seine innewohnende Schönheit. Auch bei diesem vierten Aspekt der Intelligenz kommen wir also nicht um die Liebe umhin. Im Sinn fürs Detail zeigt sich die Liebe in all ihrer Süße und Lieblichkeit. Die ganze köstliche Anmut der Schöpfung eröffnet sich dem, der seinen Sinn für die Feinheiten und Details schärft.

Ihr alle kennt das, wenn Ihr Euch verliebt. Am liebsten würdet Ihr jedes Haar am Geliebten einzeln erforschen, erkunden und bewundern. Wie unschwer zu erkennen ist, ist die Liebe zum Detail in direkter Weise an den analytischen Sinn gekoppelt. Du gehst nur dem nach, was Dein Interesse weckt.

Wer über einen ausgeprägten Sinn fürs Detail verfügt, sieht das Leben, die Menschen und die Welt wie durch eine Lupe. Diesem Blick erschließt sich ungleich mehr als dem oberflächlichen, flüchtigen und lieblosen. Wie wir gesagt haben, ist Liebe Intelligenz. Doch nicht nur das, fördert sie doch auch den Intellekt in jedem Augenblick, regt ihn an und ›trainiert‹ ihn.

Da Liebe keine Auszeiten kennt, fordert sie den ganzen Menschen mit all seiner Kraft. Liebe zum Detail erfordert Aufmerksamkeit für das Detail und damit für das Ganze. Liebe zum Detail ist eine ganz eigene, wunderbare Form der Anbetung.

»Wir werden geformt und gestaltet
durch das, was wir lieben.«
Johann Wolfgang von Goethe

# Die Fähigkeit zur Synthese

Meine liebe Freundin, mein lieber Freund, als fünftes Attribut der Intelligenz wenden wir uns der Fähigkeit zur Zusammenfassung zu. Diese Fähigkeit ist deshalb so wichtig und wertvoll, weil sie implizit beweist, dass man das Wesentliche vom Unwichtigen zu trennen in der Lage ist.

Wenn man die Menschen bei ihrem Leben beobachtet, ist dies gar nicht so selbstverständlich, wie es auf den ersten Blick erscheinen mag. Diese Fähigkeit ist unabdingbar, wenn es um Lösungsorientierung geht. Wer sich in Nebensächlichem verrennt, verliert den Blick für das Wesentliche und gerät aus der Spur.

In jedem Aspekt menschlichen Lebens ist der klare Blick für das Wichtige von unschätzbarem Wert. Er befähigt nicht nur zur Lösungsfindung, sondern macht zielorientiertes Handeln erst möglich. Konstruktives und produktives Agieren sind umso selbstverständlicher und erfolgreicher, je klarer die Fähigkeit der Synthese. Sie wirkt wie ein Fokus, der den Menschen punktgenau handeln lässt und vermeidet ein Sichaufreiben und Sichverausgaben an Unwichtigem.

Meine lieben Freunde, was im Leben wesentlich ist und was nicht, liegt im Auge des Betrachters, in seinen ganz persönlichen Eigenheiten und Vorlieben. Doch wer sein Augenmerk auf das Wichtige richten und halten kann, ist in der Lage, sein Leben auf das Wesentliche ›gesundzuschrumpfen‹. Das wirklich Intelligente daran liegt sowohl im Zeit- wie auch im Glücksgewinn.

Wer sein Leben zusammenfasst auf das, was er liebt, der weitet und dehnt es auf das Maximum aus. Die Fähigkeit zur Zusammenfassung ist nicht etwa das Gegenteil des analytischen Sinnes, sondern sozusagen seine Ergänzung. Der analytische Sinn, der Sinn fürs Detail und die Fähigkeit der Synthese bilden gemeinsam das komplette, ›runde‹ Bild einer Gesamtsituation.

Wie wir sagten, ist die Fähigkeit der Lösungsfindung untrennbar an den Sinn für die Synthese gebunden. Wer Lösungen finden will, muss in der Lage sein, die Dinge ›auf den Punkt‹ zu bringen. In dieser Welt geht das Zusammenfassen eines Problems oder Themenkomplexes oftmals einher mit der Vernachlässigung von Minderheiten. Doch wie wir bereits sagten, gibt es in Gott keine zu vernachlässigenden Minderheiten. Wo die Zusammenfassung einer Gesamtsituation auf Kosten einiger Weniger geht, da ist sie von Irrtum begleitet. Die Synthese einer Lage ist nur dann korrekt, liebevoll, konstruktiv und weise, wenn sie jedem ihrer Teilaspekte gerecht wird. Eine Lösung, die nicht für alle Beteiligten eine Lösung ist, ist gar keine.

Von diesem Gedanken ausgehend, kommen wir nun zu Punkt sechs unserer Aufzählung der Attribute der Intelligenz, der Kunst des Zuhörens.

# Die Kunst des Zuhörens

Mein lieber Freund, meine liebe Freundin, kaum ein Indiz ist ein so deutliches und offensichtliches Zeichen für Intelligenz wie die Kunst des Zuhörens. In Eurer schnelllebigen und hektischen Zeit kommt vielen von Euch diese herrliche Fähigkeit immer wieder abhanden.

Der Mensch ist so beschäftigt mit sich selbst und seinen eigenen Belangen, dass er kaum noch nach außen hört. Wir dürfen nicht vergessen, dass die Außenwelt der getreue Spiegel Eures Innen ist und was von außen an Euch herangetragen wird, hat sehr wohl mit Euch zu tun. Wer ausschließlich in und um seine eigenen Gedanken kreist, verzichtet auf ein Feedback von unschätzbarem Wert.

Eure Mitmenschen erzählen Euch viel über Euch selbst, wenn sie über sich reden und Eure geistigen und emotionalen Reaktionen liefern Euch weitere wertvolle Hinweise und Rückschlüsse auf Euch selbst. Wer sich selbst kennenlernen will, muss anderen zuhören. Selbstverständlich kommen bei der Kunst des Zuhörens weitere Aspekte hinzu.

Intelligenz zeichnet sich dadurch aus, dass sie weiß, dass sie nie im Besitz der Weisheit letzten Schlusses ist. Ein intelligenter Mensch ist immer lern- und wissbegierig und weiß, dass er in jedem Augenblick seines Lebens dazulernen und damit hinzugewinnen kann. Er ist stetig offen und bereit, Neues auf- und anzunehmen. So werden ständig neue Impulse, Aspekte und Sichtweisen an ihn herangetragen, die bereichern, erneuern und das Leben mit Spannung und Fülle ausstatten.

Wenn wir über die Kunst des Zuhörens reden, wollen wir jedoch auch den Aspekt des Mitgefühls nicht vernachlässigen. Nichts schult das Herz des Menschen so sehr wie ehrlich empfundenes Mitgefühl. In der Fähigkeit des Zuhörens zeigt sich das ehrliche Interesse am Mitmenschen. Es hilft demjenigen, dem das Mitgefühl gilt, ebenso sehr wie demjenigen, der es empfindet, denn Liebe wirkt immer gleichermaßen in alle Richtungen und ergießt ihre Segnungen über alle Beteiligten.

Den Unterschied zwischen Mitleid und Mitgefühl haben wir bereits besprochen. Hier sei erneut daran erinnert: Mitleid beklagt das eigene Leid im Leid des anderen und erhärtet so den Status quo bei beiden. Mitgefühl jedoch beruht auf Liebe und stützt, hebt und hält den anderen in seiner Leiderfahrung. Dadurch wirkt es aufbauend, stärkend und heilend. Ein mitleidender Mensch redet, ein mitfühlender Mensch hört zu. So ebnet das mitfühlende, einfühlsame Zuhören den Weg aus der Krise. Der notleidende Mensch findet leichter Zugang zu seinen eigenen heilerischen Potenzialen und kann seinen ganz persönlichen Ausweg finden.

»Ein mitleidender Mensch redet,
ein mitfühlender Mensch hört zu.«
Regulus

# Emotionaler Tiefgang

Meine liebe Freundin, mein lieber Freund, als letzte Eigenschaft der Intelligenz wollen wir den emotionalen Tiefgang nennen. Die Fähigkeit tiefer Emotionalität ist des Menschen größter Reichtum. Wer zutiefst empfinden kann, lebt in ganz besonderer und unersetzlicher Weise intensiv. Wo Gefühle gefürchtet werden, da ist die tiefe Sinnhaftigkeit menschlichen Erlebens nicht erkannt und verstanden worden.

Bei unseren Aufzählungen der Attribute der Intelligenz nennen wir den emotionalen Tiefgang bewusst an letzter Stelle, weil er einen ganz besonderen Stellenwert einnimmt. Wie wir gesagt haben, ist Liebe Intelligenz und ist Intelligenz Liebe. Den großen Irrtum, den Intellekt getrennt von den Emotionen zu betrachten, haben wir bereits beleuchtet. Mehr noch als das, wird der Intellekt in Eurer Kultur höher bewertet als das Herz. Dies allein beweist schon, dass Ihr wohl kaum die Intelligenz verstanden habt, geschweige denn die Weisheit. Es ist ein fataler Irrtum zu glauben, ein Mensch könne umso umsichtiger, intelligenter und vernünftiger handeln, je mehr er die Gefühle ausklammert, verdrängt oder verleugnet. Doch wie wir gesehen haben, gründet wirkliche Intelligenz immer und ausnahmslos auf Liebe.

Die Emotionen machen das intellektuelle Erleben aus und zu dem, was es ist. Menschen fühlen, wenn sie denken und sie denken, wenn sie fühlen, das eine ist untrennbar an das andere gebunden und ineinander verwoben und so muss es auch gesehen und analysiert werden, wenn man die Analyse nicht jeder Sinnhaftigkeit berauben will.

Der menschliche Intellekt verlangt nach dem Ausdruck, den die Emotionen bestimmen. Der emotionale Ausdruck erhält vom Intellekt seine ganz spezifische Färbung. Beide gemeinsam bilden die ganze, wunderbare Individualität der Persönlichkeit aus, die jedem Menschen eigen ist. Wer seinen Intellekt fordern und schulen will kommt nicht umhin, auch seinen Gefühlen Vorschub zu leisten und seinem Herzen Ausdruck zu verleihen.

Die menschliche Intelligenz kann sich da und dort in dem Maße frei entwickeln und entfalten, in dem das emotionale Umfeld stimmt. Wo der Mensch bedingungslos geliebt wird, sind der Selbstliebe Tür und Tor geöffnet. Hier steht der Entwicklung und dem Ausdruck des vollen Potenzials, intellektuell wie emotional, nichts Hinderliches im Wege.

»Der schönste Lohn der Liebe
ist der Blick auf ihre Werke.«
Joseph Kühnel

# 12. Teil

## Die Meisterschaft der Liebe

# Die Kunst der Vergebung

Mein lieber Freund, meine liebe Freundin, Irren ist menschlich, Vergeben jedoch ist göttlich! Warum ist dem so? Vergebung ist göttlich, weil Liebe göttlich ist.

Doch wenn wir von Vergebung reden, dann sollten wir erst einmal die Begrifflichkeiten klären und sagen, was Vergebung nicht ist: Vergebung ist kein Akt des selbstgefälligen Sichherablassens zum anderen. Vergebung ist kein hochmütiger Akt der Selbstgefälligkeit. Vergebung ist kein großzügiges und scheinbar selbstloses Hinwegsehen über die Schuld des anderen. Vergebung ist kein Machtspiel mit bitterem Beigeschmack für den, dem vergeben wird. Da und dort aber, wo sie sich so anfühlt, da ist sie keine. Aber was ist dann Vergebung?

Vergebung ist die Erkenntnis von Schuldlosigkeit. In der Anerkennung und Erkenntnis Deiner eigenen Schuldlosigkeit liegt der Schlüssel zur Vergebung, denn nur in der Erkenntnis Deiner eigenen kannst Du die Schuldlosigkeit des anderen finden und erkennen. Wie wir feststellen durften, kann der Mensch jederzeit irren, jedoch kann er niemals fehlen. Schuld ist ein irriges Konzept von Trennung und Angst, das in Gott keinen Bestand und keine wirkliche Substanz haben kann. So etwas wie Schuld kann es vor Gott niemals geben. Der Irrtum über Dich selbst und auch über Deinen Nächsten mag noch so groß und schwerwiegend erscheinen, immer ist es nichts als Irrtum, eine Fehleinschätzung, ein blinder Fleck in Deiner Wahrnehmung. Der Mensch kann also jederzeit irren und tatsächlich tut er das sehr oft.

Der Mensch irrt sich immer da und dort, wo er sich selbst die Liebe verweigert. Der Falkenblick der Liebe kann immer und ewig nur Wirklichkeit wahrnehmen und damit die natürliche, gottgegebene Unschuld Deines Seins. Wo Schuld, also Sünde, wahrgenommen wird, da hat der Mensch sich über sich selbst geirrt und ist der Wahrnehmungsverzerrung anheimgefallen.

Wie wir gesehen haben, hat die Illusion der Trennung von Deinem himmlischen Schöpfer, also der Glaube an eine von ihm abgespaltene und losgelöste Einzelexistenz, immer eine verzerrte Wahrnehmung Deiner selbst zur Folge. Was sich aber verzerrt wahrnimmt, das kann auch nur ein Zerrbild des anderen und der Welt erkennen. Und so ist die Wahrnehmung von Schuld im anderen nur die logische und unvermeidbare Folge der Wahrnehmung von Schuld in Dir selbst. Immer und unfehlbar bist Du Dir selbst das Maß aller Dinge und kein Mensch geht auf Erden, der jemals mit einem anderen Maß messen könnte.

Wirkliche, wahre Vergebung kann also nur die Wahrnehmung der Schuldlosigkeit sein. Wirkliche Vergebung ist weder ein Akt des Großmutes noch eine Handlung der Selbstlosigkeit. Wirkliche Vergebung findet auf Augenhöhe statt, hier kann es niemals ein Machtgefälle geben. Wirkliche Vergebung ist weder Tat noch Handlung, sie ist Erkenntnis. Dein Erwachen aus dem Alptraum von Schuld und Sünde kann immer nur auch das Erwachen hinein in die Erkenntnis der Schuldlosigkeit Deines Nächsten zur Folge haben. Wieder einmal erkennen wir es: Was, wenn nicht Liebe, könnte die Lösung sein? Was, wenn nicht Liebe, könnte der Schlüssel zur Erlösung sein? Liebe ist Vergebung und Vergebung ist Liebe. Nur Liebe allein hat diese unermessliche Macht und Kraft. Sie steigt einfach über den Irrtum hinweg. Und so tritt hier, in der Vergebung, ganz deutlich zutage, was nur die Liebe vermag – sie überwindet Raum und Zeit.

In der Liebe löst sich der Schmerz vergangener Untaten an Dir einfach in das Nichts auf, aus dem er einst kam. Der Schmerz ist nunmehr vergangen, gerade so, als sei er nie gewesen. Was bleibt, ist die Energie der Erfahrung und – Liebe! Nur die Liebe bleibt und nichts als Liebe. Alles andere ist vergänglich und damit Illusion. Alles, was vergehen kann, kann immer und ausnahmslos nur Illusion gewesen sein und somit niemals wirklich. Die gültige Wirklichkeit der Liebe aber, sie ist unvergänglich und so ewig wie Gott selbst. Das ist die Kunst der Liebe, wie sie sich wundervoller nicht zeigen und zum Ausdruck bringen kann. Das ist die Kunst der Liebe in ihrer unermesslichen Pracht und Schönheit. Das ist die Kunst der Liebe in ihrer ganzen unendlichen Herrlichkeit. Hier zeigt sich die Liebe in ihrem vollen Machtpotenzial, das sich ewig jeder Beschreibbarkeit entzieht.

Die unvorstellbare Macht der Liebe kann so wie ihre unermessliche Bedeutung niemals in letztgültige und angemessene Worte gefasst werden. Hier, im Angesicht der Liebe, muss schließlich jedes Wort versagen. Was aber bleibt, sind stille Anbetung und tiefe Dankbarkeit. Nichts könnte angemessener sein, denn hier, in der Vergebung, stehst Du direkt und unmittelbar vor Gott selbst und bist Ihm auf tiefster Ebene begegnet. In der Vergebung hast Du die Vergangenheit geändert, Du hast sie geheilt. In der Liebe sind Wunder möglich und hier geschehen sie mit göttlicher Selbstverständlichkeit. Die Zeit, selbst eine Illusion, kann keine Wunden heilen. Die Zeit heilt keine Wunden, aber die Vergebung vermag es. Liebe heilt alle Wunden, weil sie sie ungeschehen macht. Was, wenn nicht dies, könnte jemals Wunden heilen? Was, wenn nicht die Erkenntnis, dass Du Dich lediglich geirrt hast? Was, wenn nicht die Erkenntnis, dass es niemals geschah? Was niemals geschah, das kann auch nicht verletzen.

Am Ende der Vergebung ist nur noch Liebe. Und so steht die Liebe am Anfang wie auch am Ende der Vergebung. Liebe ist immer und ausnahmslos der Weg wie auch das Ziel. Liebe kann nichts anderes wollen als sich selbst. Sie genügt sich selbst vollkommen. Und so zieht die Liebe aus, das Ungeheilte zu heilen und das Geteilte zu vereinen, um am Ende doch immer wieder und ewig nur bei sich selbst anzukommen. Liebe ist der Weg, Liebe ist das Ziel. Liebe ist wahrlich der Weg, die Wahrheit und das Leben.

»Wir sollen immer verzeihen,
dem Reuigen um seinetwillen,
dem Reuelosen um unseretwillen.«
Marie von Ebner-Eschenbach

# Die Kunst der Demut

Meine liebe Freundin, mein lieber Freund, es mag Dich auf den ersten Blick wundern, dass wir die Demut als Kunst bezeichnen. Doch wahrlich, das ist sie! Demut ist die Kunst, den sich selbst gebührenden Platz zu erkennen und einzunehmen. So wie jede Form der Erkenntnis eine Kunst ist, so ist es denn auch die Demut.

Entgegen der allgemeinen und weit verbreiteten Definition hat wahre und recht verstandene Demut nichts zu tun mit Unterwürfigkeit oder Anerkennung der eigenen Unwichtigkeit. Im Gegenteil, wahre Demut ist eine stolze Haltung des Herzens, das weiß, welcher Platz ihm gebührt. Der Mensch, der sich selbst als das erkannt und anerkannt hat, was er wirklich ist, kommt immer und unfehlbar irgendwann an den Punkt, an dem er sich in Demut vor dem verneigt, was er ist.

Kein Wesen kommt um die Demut umhin, wenn es sich als Liebe erkennt. Es ist allzeit unmöglich, die Liebe selbst zu erkennen, ohne sie in ihrer unermesslichen Größe zu erahnen. Hier hat die Demut den ihr gebührenden Platz und nichts anderes als tiefe Demut wäre hier angemessen. Das ist der ›Kniefall des Schöpfers vor seinem eigenen Spiegelbild‹, den wir vom Buchanfang kennen. Das ist die Liebe in der Schau ihrer selbst, Liebe im vollen Bewusstsein ihrer selbst und in der bewussten Erkenntnis ihres eigenen Seins.

Was, wenn nicht Liebe, könnte jemals das Herz zum Erbeben bringen? Was, wenn nicht Liebe, lässt die Seele erschauern? Und so speist sich die Demut vor dem eigenen Sosein und die Demut vor Gott selbst aus derselben Quelle. Immer ist es Demut vor dem Schöpfer, Demut vor Liebe, denn sie sind ein und dasselbe.

Die Erkenntnis der unermesslichen Größe göttlicher Liebe lässt den Menschen in Demut erschauern und macht ihn gleichermaßen unendlich klein und unvorstellbar groß. Und so ist wahre Demut die vollkommene Anerkennung des eigenen Selbstwertes bei gleichzeitigem Erkennen, dass Dein Selbstwert doch Gottes Wert ist, von ihm gegeben und geschenkt. Und so ist ein wahrhaft demütiger Mensch derjenige, der sein liebendes Herz hütet wie seinen kostbarsten Schatz, denn wahrlich, das ist es. Hocherhobenen Hauptes trägt er sein göttliches Erbe mit Stolz und dennoch in tiefster Demut.

Der Mensch, der zutiefst verstanden hat, wer und was er ist, kommt weder um den Stolz, noch um die Demut umhin. Der Mensch, der zutiefst erkannt hat, dass er kein Sein hat aus sich selbst heraus, dass es kein Aus-sich-selbst-Heraus geben kann, der verneigt sich in Demut vor der Größe seines himmlischen Schöpfers. Alles, was Du bist, alles, was Du jemals sein kannst, es ist von Gott gegeben und geschenkt. Die Güte und Liebe Gottes sind grenzenlos und so nimmt der wahrhaft demütige Mensch das himmlische Geschenk seines göttlichen Erbes mit großer Freude an.

Wer seine eigene Liebesnatur anerkennt, der erkennt Gott selbst an und die Liebe als sein größtes und heiliges Geschenk. Hier wird es dem demütigen Menschen gleichermaßen Pflicht und Bedürfnis, ja Berufung, dieses Geschenk der Liebe zu hegen, zu pflegen und zu vermehren. Und so versteht sich der Mensch gleichermaßen als verantwortlicher Verwalter und begnadeter Nutznießer seiner himmlischen Erbschaft. Das ist wahre Demut, die nur Demut vor Gott sein kann. Von hier aus ist es nur ein winziger Gedankenschritt zur nächsten Kunst der Liebe, zur Dankbarkeit.

»Liebevolle Demut ist eine gewaltige Macht,
die stärkste von allen, und es gibt keine andere,
die ihr gleichkäme.«
Fjodor Michailowitsch Dostojewskij

# Die Kunst der Dankbarkeit

Mein lieber Freund, meine liebe Freundin, danke Gott, dass Du ein Wesen bist, das danken kann, denn wahrlich, Du hast allen Grund dazu! Glückliche Menschen sind dankbare Menschen und dankbare Menschen sind glückliche Menschen. Nie hast Du Gott tiefer verstanden als im Zustand tiefer Dankbarkeit. Nie mehrst Du Dein Glück leichtfüßiger als in der Dankbarkeit, denn hier fühlst Du Deine Nähe zu Gott in ganz besonderer und sehr unmittelbarer Weise.

Ein zutiefst dankbarer Mensch hat Gott ›gesehen‹. Und so ist es, dass das Glück des Dankbaren weniger der Gabe als solcher entspringt, sondern vielmehr dem Umstand, dass er Grund zu danken hat. In der Dankbarkeit erkennen wir Gottes Liebe für uns und die Dankbarkeit für die Liebe als solche ist letztlich die größte und die einzig mögliche. Wo aber Liebe in der Nähe ist, da ist das Glück nie weit entfernt.

Dankbarkeit mehrt und festigt das Urvertrauen in die Liebe des himmlischen Vaters auf sehr tiefe Weise und schärft die Sinne für den Umstand, dass in der Liebe Gottes immer und unfehlbar für alles gesorgt ist, was gebraucht wird. Dankbarkeit ist unmittelbare Zwiesprache mit Gott, denn hier sagst Du: »Ja, ich habe dich erkannt!«

Da echte Dankbarkeit einem glücklichen Herzen entspringt, kann es hier niemals Erniedrigung geben. In der

Dankbarkeit erhöht sich der Mensch vielmehr und neigt sich Gott entgegen. Dankbarkeit erklimmt die Himmelsleiter.

Der Mensch, der Gott dafür dankt, dass die Dinge sind, wie sie sind, ist wahrhaft weise. Er hofft, nein, er weiß, dass alles gut ist, so wie es ist. Und er weiß, dass er gut ist, so wie er ist. Und er weiß, dass Gott gut ist!

Dankbarkeit ist die schönste Form des Betens, weil es die reinste Form der Zwiesprache mit Gott ist. In der Dankbarkeit gibt es keine Wahrnehmungsverzerrungen von Mangel und Entbehrung, hier hat die Illusion keinen Platz. Dankbarkeit entspringt immer und ausnahmslos einer vollkommen korrekten Wahrnehmung der Wirklichkeit, die ewig nur eine glückliche und liebevolle sein kann. Da tiefe Dankbarkeit die höchstmögliche Form der Gottnähe ist, macht sie unfehlbar glücklich.

So wie die Liebe selbst, ist sie unendlich mehr als ein Gefühl, sie ist ein Seinszustand. Wie die Liebe selbst, so ist die Dankbarkeit der einzig wirkliche Seinszustand, den es geben kann. Sie trägt Dich leichten Fußes und freudigen Herzens durch Dein ganzes Leben. Wo die Liebe Dir die Flügel verleiht, da schenkt die Dankbarkeit Dir die Bewurzelung. In der absoluten Gewissheit um die tiefe Einbettung in Gottes immerwährende Liebe bist Du einem Kinde gleich, das sicher, neugierig und offen an der schützenden Hand des liebevollen Vaters durchs Leben geht und freudig voranschreitet.

In der Dankbarkeit für die Liebe Gottes liegt der Schlüssel zur Erkenntnis Deiner eigenen Liebesnatur und damit für das Tor zur Erleuchtung. Du bist ein Wesen, das lieben kann. Du bist ein Wesen, das liebt, Du bist – Liebe. Dir wurde die größte Gnade zuteil, die es jetzt und ewig geben kann. Dir wurde alle Macht des Universums geschenkt, die Macht zum Glücklichmachen. Wahrlich, Du hast allen Grund zur Dankbarkeit! Danke Gott für all das, was Du hast. Dann danke Gott für all das, was Du nicht hast und somit auch nicht brauchst. Vor allem aber danke Gott für das, was Du bist.

»Dem Mann, der die Geige baut,
dankt allein der Klang.«
Friedrich II. der Große

# Nachwort

Mein Herz ich will dich fragen:
Was ist denn Liebe, sag?
»Zwei Seelen und ein Gedanke,
zwei Herzen und ein Schlag!«

Und sprich, woher kommt Liebe?
»Sie kommt und sie ist da!«
Und sprich, wie schwindet Liebe?
»Die war's nicht, der's geschah!«

Und was ist reine Liebe?
»Die ihrer selbst vergisst!«
Und wann ist Lieb am tiefsten?
»Wenn sie am stillsten ist!«

Und wann ist Lieb am reichsten?
»Das ist sie, wenn sie gibt!«
Und sprich, wie redet Liebe?
»Sie redet nicht, sie liebt!«

Friedrich Halm (1806-1871)

# Über die Autorin

Bettina Büx, Jahrgang 1960, ist Mutter von vier erwachsenen Kindern und lebt im deutschsprachigen Grenzgebiet Ostbelgiens.

Ihr tiefstes Interesse galt schon von Kindesbeinen an den spirituellen Fragen und geistigen Hintergründen des Lebens. Bereits in jungen Jahren ›wusste‹ sie, dass es ihre Berufung ist zu schreiben und Botschaften aus der geistigen Welt zu vermitteln.

Nach vielen Umwälzungen in ihrem Privatleben und während langer, schwerer Krankheit widmete sie sich schließlich ganz den grundsätzlichen Lebensfragen. Sie hat sich schließlich, wie sie es selbst formuliert, »im wahrsten Sinne des Wortes gesundgeschrieben«, denn im Zuge ihrer schriftstellerischen Arbeit mit der geistigen Welt ist sie wider Erwarten und zu ihrer großen Freude vollständig genesen. Die wundersame Wirkung der Mitteilungen tat das Ihre und so ist es ihr gleichermaßen Bedürfnis und Berufung, die Botschaften, die sie als Geschenk von höchster Ebene betrachtet, weiterzugeben und einem breiten Publikum zugänglich zu machen. Fragen zu ihren Büchern beantwortet die Autorin gerne. Sie erreichen sie per E-Mail unter: regulus-botschaften@gmx.de.

# Quellenverzeichnis

*Das große Handbuch der Zitate von A bis Z*, Bassermann Verlag in der Verlagsgruppe Random House GmbH, München 2004, ISBN 3-8094-1699-1

*Ein Kurs in Wundern,* Greuthof Verlag u. Vertrieb GmbH, Gutach i. Br. 1994, ISBN 3-923662-18-1

*www.aphorismen.de*

# Alle lieferbaren Regulus-Bücher und Hörbücher

**Band I:** Das Einführungsbuch
*Des Menschen Wunsch und Gottes Wille*
296 Seiten | ISBN: 978-3-937883-91-5
Hörbuch: ISBN: 978-3-96442-025-1

**Band II:** Das Buch zum Thema Angst
*Um Gottes willen und um deinetwegen*
208 Seiten | ISBN: 978-3-937883-93-9
Hörbuch: ISBN: 978-3-96442-031-2

**Band III:** Das Erleuchtungsbuch
*Des Menschen Weg und Gottes Licht*
240 Seiten | ISBN: 978-3-937883-97-7

**Band IV:** Das Buch über die Liebe
*Das Wesen Gottes und die Natur der Liebe*
272 Seiten | ISBN: 978-3-96442-001-5

**Band V:** Das Buch über die Welt
*Des Lebens Gunst und Gottes Gaben*
200 Seiten | ISBN: 978-3-96442-008-4

**Band VI:** Das Buch über das Leben
*Des Menschen Ruf und Gottes Antwort*
240 Seiten | ISBN: 978-3-96442-030-5